Cordialement -

Sylvain

Les Français contre l'Europe ?

SCIENCES PO
Fait politique

Les Français contre l'Europe ?

Les sens du référendum du 29 mai 2005

Nicolas Sauger
Sylvain Brouard
Emiliano Grossman

SCIENCES PO
LES PRESSES

Catalogage Électre-Bibliographie (avec le concours de la Bibliothèque de Sciences Po)
Les Français contre l'Europe ? Les sens du référendum du 29 mai 2005 / Nicolas Sauger, Sylvain Brouard, Emiliano Grossman – Paris : Presses de Sciences Po, 2007.
ISBN 978-2-7246-1026-0
RAMEAU :
- Référendum : France : 2005
- Union européenne : Opinion publique
- Opinion publique : France : 1990-...
- Sociologie électorale : France : 1990-...
DEWEY :
- 341.23 : Organisations de l'Union européenne
- 324.6 440 : Histoire et géographie des élections – France
Public concerné : Public intéressé

Table des matières

Avant-propos

LE 29 MAI, DEUX ANS APRÈS

Cela fait-il encore sens, deux ans après, de s'interroger sur l'échec du référendum de ratification du Traité constitutionnel européen ? De toute évidence, oui. Les premiers mots de Nicolas Sarkozy, au soir de sa victoire à l'élection présidentielle, ont été pour affirmer « le retour de la France en Europe » et la relance du processus de construction européenne. Faut-il rappeler que pas moins de dix-huit pays avaient, au 1er janvier 2007, ratifié ce texte ? Et, si selon toute probabilité, le texte du Traité constitutionnel ne sera jamais adopté par l'ensemble des vingt-sept pays membres, il n'en servira pas moins de base pour la renégociation d'un nouvel accord. Bien loin d'un hypothétique « plan B », l'Europe devra en effet adopter une série de réformes pour modifier ses institutions comme pour consolider et donner cohérence à un ensemble de textes fondateurs aujourd'hui trop disparates.

L'Europe attend toujours sa Constitution. Dix-huit pays ont ratifié le Traité constitutionnel, essentiellement par voie parlementaire, et près des deux tiers des Européens (61 % suivant l'Eurobaromètre 66, automne 2006) sont persuadés que celle-ci reste nécessaire au bon fonctionnement de l'Union. Ils sont également une majorité absolue (54 %) à être persuadés du bien-fondé d'une évolution vers une « Europe politique », en capacité d'agir tant sur son territoire que sur la scène internationale.

Comprendre le non français au Traité constitutionnel européen apparaît dès lors comme l'un des préalables indispensables à tout futur chantier fondateur pour l'Europe. À l'échelle française, le référendum du 29 mai 2005 continue également à produire ses effets, et a contribué à la recomposition en cours du paysage politique français.

L'élection présidentielle de 2007 : les traces du 29 mai

À première vue, rien n'est plus éloigné de 2005 que les élections présidentielles de 2007. Lors du premier tour, les candidats arrivés en tête, Nicolas Sarkozy, Ségolène Royal et François Bayrou, tous trois hérauts d'un oui au Traité constitutionnel en 2005, totalisent plus de trois quarts des suffrages exprimés, tandis que les tenants du non sont à la peine. Ainsi de Laurent Fabius, lors de la primaire socialiste : seul candidat à la candidature partisan du non – comme plus de 40 % des adhérents du PS et une majorité de ses électeurs –, il n'arrive qu'à la troisième et dernière place, avec 18,5 % des suffrages des militants. Les candidats de l'extrême gauche comme de l'extrême droite connaissent aussi une chute brutale de leurs soutiens, si l'on compare leurs niveaux à ceux de 2002. Le constat mérite cependant d'être nuancé, car même en situation de faiblesse, l'ensemble des candidats ayant pris parti pour le non au Traité constitutionnel européen recueillent les suffrages du quart de l'électorat, soit encore significativement plus que dans la plupart des autres démocraties d'Europe occidentale. Mais cette contradiction française n'en demeure pas moins étonnante, si l'on regarde ce qui s'est passé aux Pays-Bas, second pays à avoir voté non en 2005. Les élections législatives de novembre 2006 y sont en effet marquées par la spectaculaire progression (avec un gain de plus de dix points) du parti socialiste (classé à l'extrême gauche), qui a bâti son succès sur une campagne de contestation du Traité constitutionnel, et du chemin de l'intégration européenne.

En réalité, bien des éléments de filiation entre 2005 et 2007 peuvent être isolés. À commencer par le niveau de la participation électorale et l'intérêt suscité par la campagne. Sans dépasser dans un cas comme dans l'autre des records établis dans les années 1960, les différents scrutins de l'après-2002 marquent l'entrée confirmée dans un nouveau cycle politique. Si la défiance à l'égard des élites politiques et le pessimisme social demeurent à des niveaux particulièrement élevés[1], les Français se sont saisis des principaux enjeux politiques, et entendent faire connaître leur

1. *Ce climat a fait l'objet de mesures répétées pendant l'année précédant le scrutin présidentiel au travers du Baromètre politique français, dont les principaux résultats peuvent être trouvés dans la collection « Baromètre politique français (2006-2007) »,* Cahiers du Cevipof, *46, 2007, 222 p.*

opinion. Ce regain d'intérêt n'est d'ailleurs pas sans rapport avec une certaine polarisation des prises de position dans chacun des camps. Si 2007 a été l'année de la rupture (définitive ?) avec l'UMP pour François Bayrou, Nicolas Sarkozy a su également incarner une droite qu'il qualifie lui-même de décomplexée, ancrée sur ses valeurs classiques d'ordre moral et de liberté d'entreprise, tandis que Ségolène Royal n'a pas hésité à renouer avec une rhétorique du progrès social que le parti socialiste avait eu tendance à abandonner.

La continuité entre le référendum du 29 mai et l'élection présidentielle de 2007 se manifeste également par une volonté de rupture. 2005 comme 2007 ont connu, d'une part, la diffusion d'un discours contre les élites en place (ou, en d'autres termes, populiste) et, d'autre part, la réaffirmation de la capacité des acteurs politiques (représentants et électeurs) à faire aboutir le changement. Aussi diamétralement opposés qu'ils puissent paraître, le non au Traité constitutionnel européen et le vote pour François Bayrou, par exemple, ne sont-ils ainsi pas si éloignés. Tous deux représentent la volonté de transgression des principes de fonctionnement du système politique. Faut-il d'ailleurs rappeler que les deux candidats finalistes de la compétition de 2007 ont en partie dû s'installer contre leur propre camp : Ségolène Royal contre les éléphants du parti socialiste et Nicolas Sarkozy contre Jacques Chirac (et Dominique de Villepin). Cet esprit de transgression s'accompagne néanmoins d'une réaffirmation forte des valeurs traditionnelles à gauche comme à droite, le centre ne faisant, de ce point de vue, guère exception. La « langue de bois » et le « politiquement correct » étaient l'apanage des années 1990. Ceux-ci ont visiblement disparu...

Il n'est ainsi pas surprenant que le référendum sur le Traité constitutionnel européen n'ait pas été un clivage directement structurant lors des élections présidentielles suivantes. On a d'ailleurs bien vu qu'après le référendum sur le traité de Maastricht, les suites électorales directes de la fronde eurosceptique n'ont été que minces, tout au plus. Philippe de Villiers n'a, pas plus qu'en 2007, réussi à franchir le seuil des 5 % des suffrages exprimés. Les partisans du non se retrouvent ainsi derrière toutes les candidatures en 2007, dans des proportions très semblables à ce qu'elles ont pu être estimées en 2005. Seuls François Bayrou et l'UDF ont, de ce point de vue, connu un changement substantiel dans leur électorat, la proportion de sceptiques augmentant jusqu'à faire jeu pratiquement égal avec celle des soutiens au Traité constitutionnel (39 % de oui, 33 % de non, 28 % d'abstention ou de sans réponse suivant les données du Panel électoral français 2007). C'est dire si François Bayrou a su aller au-delà des frontières de son électorat traditionnel, notamment sur sa gauche, au prix d'un discours il est vrai modéré sur les questions européennes.

L'élection présidentielle de 2007 a également été l'occasion d'un débat, resté certes très largement en arrière-plan, sur les projets pour l'avenir de l'Europe. Et l'élection de Nicolas Sarkozy permet d'esquisser ce qui pourrait peut-être devenir le projet de la France pour l'Europe dans les années à venir.

Les contours d'un projet européen pour la France

Perçue essentiellement par le prisme institutionnel et non sous l'angle de ses politiques publiques, l'Europe n'a pas été l'un des enjeux majeurs de la campagne. Bien au contraire, la renationalisation du discours politique pourrait même caractériser l'année 2007. Traitée au chapitre des relations internationales, la construction européenne a été l'avant-dernier sujet abordé lors du débat de l'entre-deux-tours entre Ségolène Royal et Nicolas Sarkozy. Côté électeurs, seules 1,4 % des personnes interrogées ont jugé la construction européenne comme un enjeu prioritaire de l'élection, la majorité plaçant cette question à l'avant-dernier rang des enjeux de l'élection (suivant les données du Panel électoral français 2007).

Pourtant, dans leur programme du moins, les candidats ont parlé d'Europe plus que jamais auparavant lors d'une élection présidentielle. La thématique est néanmoins restée secondaire, sauf chez quelques petits candidats. Et l'on a rapidement pu voir émerger plusieurs points d'accord et de discussion entre les deux principaux candidats. Le consensus a tout d'abord porté sur l'impossibilité de conserver le Traité constitutionnel en l'état, et sur la nécessité de préserver les principaux acquis du texte. Il s'est ensuite construit sur un accord pour doter l'Europe d'un système de gouvernement économique. Même si cet aspect a été gommé des discours dans la dernière partie de la campagne, l'appel commun à une « reprise en main politique » de la Banque centrale européenne a été frappant. Seul François

Bayrou y était véritablement opposé. En revanche, le débat entre les deux candidats du second tour a largement porté sur la question de l'élargissement, notamment en direction de la Turquie. Si Ségolène Royal n'a guère montré d'enthousiasme pour cet élargissement, elle s'est néanmoins refusé à l'exclure, alors que Nicolas Sarkozy s'y est fermement opposé.

De quel projet européen pour la France laisse augurer l'élection de Nicolas Sarkozy ? Dans ses discours, ce dernier souligne son ambition de replacer la France au centre des initiatives en faveur de la construction de l'Europe de demain. De manière sans doute plus significative, il ne fait pas du partenariat franco-allemand le cœur de cette relance, même si sa visite à Berlin, le jour même de sa prise de fonction, montre l'importance symbolique de cette relation privilégiée. En somme, Nicolas Sarkozy se place d'emblée dans le contexte d'une nouvelle Europe, élargie à vingt-sept pays membres, et dont le fonctionnement ne peut plus être exclusivement basé sur le moteur franco-allemand tant parce que l'Allemagne a trouvé de nouveaux partenaires à l'Est, que parce que les coalitions pour parvenir au consensus européen doivent être dorénavant plus larges que ce partenariat historique.

Nicolas Sarkozy a des atouts non négligeables à faire valoir pour influencer durablement la direction de cette relance européenne. Au-delà du poids traditionnel de la France en Europe, le non du 29 mai 2005 peut aussi paradoxalement représenter un avantage spécifique pour imposer ce qui relèvera du périmètre de la négociation. Nicolas Sarkozy s'est d'ailleurs d'ores et déjà targué d'avoir le soutien des principaux partenaires européens autour de sa proposition d'adopter un « mini-traité » européen, reprenant pour l'essentiel les seules dispositions institutionnelles contenues dans le texte du Traité constitutionnel. Il s'agirait notamment de réformer le fonctionnement de la Commission (en modifiant sa composition et ses règles de désignation) et son rôle, en la dotant d'un président et d'un ministère des Affaires extérieures. Les autres dispositions de ce « mini-traité » réviseraient la pondération des voix lors des votes au sein du Conseil des ministres, et restreindraient également le domaine des décisions devant être prises à l'unanimité[2].

2. La crainte d'une paralysie générale des institutions européennes, quelques mois après le dernier élargissement intégrant Roumanie et Bulgarie, ne semble toutefois pas, au vu des premiers indicateurs disponibles, avoir eu lieu.

La seconde prise de position de Nicolas Sarkozy affirme l'inutilité de tout nouveau référendum dans un avenir proche sur la question de l'intégration européenne. Le débat sur l'Europe, lui, a pour cadre naturel les élections au Parlement européen. De ce fait, toute modification des traités existants ou tout nouveau traité européen aurait pour vocation à être ratifié par voie parlementaire, et non plus par référendum. On voit là très clairement la volonté de sortir d'une « obligation référendaire » sur les grandes questions européennes. À ce titre, l'article 88-5, fruit de la révision constitutionnelle de 2005 qui rend obligatoire un référendum sur tout nouvel élargissement – et donc sur l'éventuelle entrée de la Turquie, apparaît presque comme un héritage gênant de la période chiraquienne, même si celui-ci est « neutralisé » par une opposition de principe à tout élargissement trop rapide. La question de l'adhésion des pays des Balkans ou de l'Ukraine ne devrait pas se poser avant au moins une dizaine d'années.

Justifié par le consensus existant autour des réformes institutionnelles qu'il propose, Nicolas Sarkozy prend clairement l'option de contenir autant que faire se peut l'impact des débats autour de l'intégration européenne sur la vie politique nationale. De manière significative, d'ailleurs, il préfère systématiquement porter le débat sur la question de l'élargissement, plus consensuelle pour les Français et au sein de son propre camp, que sur la question du contenu effectif de l'intégration européenne et de sa direction. Enfin, Nicolas Sarkozy propose une réorientation importante de la vocation même de l'UE, plaidant pour une « Europe des protections » face à la mondialisation : protection tarifaire au sein des négociations sur les échanges commerciaux mondiaux et protection contre les migrations. Cette reformulation du projet européen par la France peut être considérée comme une réponse à certains des motifs importants du refus de la Constitution européenne en 2005. Comme le met en évidence cet ouvrage, l'Europe était en effet perçue par une partie décisive des Français, non comme une protection, mais comme une menace exacerbant les risques que font peser sur leur avenir ces deux facettes de la mondialisation.

Il est pourtant aujourd'hui loin d'être acquis que le projet européen de Nicolas Sarkozy convainque l'ensemble des partenaires européens. Le « mini-traité » pourrait être déjà trop ou trop peu, suivant les partenaires. Il est de toute façon certain que celui-ci ne peut prétendre retrouver l'équilibre et le consensus atteint par le texte du Traité constitutionnel. C'est donc une nouvelle phase de négociation européenne qui s'ouvre. Mais, sauf surprise, l'idée d'aboutir à la signature (sans parler de la ratification) d'un nouveau traité européen en 2007 a très peu de chances de se réaliser.

Introduction

Au même titre que le 21 avril 2002, le 29 mai 2005 restera une date clé de l'histoire électorale française. Consultés par référendum, les Français ont dit non à la ratification du Traité constitutionnel européen[1]. Ce refus, parce qu'il vient de l'un des pays moteurs de la construction européenne, a créé un véritable choc. Un choc au niveau européen, le processus de ratification d'un grand traité étant pour la première fois interrompu par le refus de l'un des pays membres. Un choc également au niveau français, chacun des deux partis dominant la scène politique française (l'UMP au gouvernement et le PS, principal parti d'opposition) s'étant officiellement prononcés pour le oui. Le 29 mai a bien ainsi été un événement à la fois national et européen.

Les interprétations du 29 mai ont été multiples et contradictoires. Au-delà du refus du projet de Constitution qui leur était soumis, les Français ont-ils rejeté le gouvernement français ou l'Europe, telle qu'elle se construit ? Ont-ils souhaité un arrêt de l'intégration européenne, un changement de son contenu ou le résultat de ce vote n'est-il que le résultat de la conjonction fortuite d'une série de facteurs défavorables ? S'agit-il finalement d'un accident, de l'expression du malaise d'une société française « en déclin », ou d'un vote contre l'Europe ?

Si trancher en faveur d'une explication unique relève de la gageure, ce livre se propose pourtant de donner sens au référendum du 29 mai. Au-delà de l'explication du résultat, ce référendum peut être en effet considéré comme un révélateur : s'interroger sur le 29 mai, c'est également explorer le rapport des Français à l'Europe. C'est aussi réfléchir sur le fonctionnement du système politique français et de ses élites. C'est encore appréhender la construction progressive de l'Europe comme un espace public et politique en voie d'unification.

1. Les résultats détaillés de ce scrutin sont proposés en annexe.

Les Français contre l'Europe ?

Le 29 mai n'est pas un simple accident. Le taux de participation important, bien qu'il n'atteigne pas des records, et la répétition de sondages préréférendaires donnant comme possible puis probable la victoire du non, interdisent une interprétation du résultat qui pourrait s'apparenter à celle du 21 avril 2002. L'élimination de Lionel Jospin au premier tour de l'élection présidentielle était une surprise, menant d'ailleurs une part significative des électeurs à regretter leur choix de manière rétrospective. Ce n'est pas le cas pour le 29 mai.

Les sondages réalisés pendant la période référendaire ou suite au référendum français ne permettent toutefois pas d'éclairer de manière univoque la nature de ce non exprimé par près de 55 % des électeurs. Un Eurobaromètre[2] indiquait qu'au moment où ils émettaient ce vote, 51 % des Français pensaient que l'appartenance de la France à l'Union européenne était une bonne chose ; 53 % que la France avait bénéficié de son appartenance à l'UE ; et 60 % que l'UE devait se doter d'une Constitution. Quelques semaines plus tard, un autre sondage de la Sofres pour Arte[3] indiquait que seuls 29 % des Français interrogés avaient l'impression que l'appartenance de la France à l'UE les faisaient vivre dans un pays plus prospère (43 % tendant à l'inverse à penser vivre dans un pays moins prospère) et 22 % affirmaient que cette appartenance leur donnait le sentiment de vivre mieux (41 % des personnes interrogées ayant au contraire la conviction de vivre moins bien).

À bien des égards, ces quelques chiffres montrent la force des doutes vis-à-vis de l'Europe, même si le consensus existant autour du principe de sa construction reste encore large aujourd'hui.

Les dimensions de l'euroscepticisme

S'arrêter à cette affirmation d'un euroscepticisme français serait néanmoins par trop réducteur et ne permet en aucun cas de comprendre la valeur de ce non exprimé majoritairement par les Français. Le concept

2. Eurobaromètre 63, réalisé du 9 mai au 14 juin 2005 dans trente pays. Pour plus de précisions, www.eosgallupeurope.com ou www.europa.eu.
3. Sondage Sofres réalisé du 24 août au 5 septembre 2005 et rendu publique le 4 octobre auprès d'échantillons représentatifs nationaux d'environ mille personnes. Pour plus de précisions, www.tns-sofres.com.

même d'euroscepticisme reste très flou. Et peut-être faut-il commencer par en distinguer deux dimensions. La première est le refus de la logique d'intégration européenne, basée sur le transfert de pouvoirs à un organisme supranational tel que le représente l'Union européenne. C'est la définition classique de l'euroscepticisme[4]. Mais, comme le montre Pascal Perrineau[5], il existe une seconde composante de l'euroscepticisme qui conteste non pas le principe de l'intégration européenne mais les valeurs fondamentales sur lesquelles s'appuie cette intégration. Si les idéaux de démocratie et de respect des droits de l'homme ne sont de ce point de vue guère discutés, les questions d'organisation de l'économie et de la société apparaissent au contraire déterminantes dans la construction de ce refus. Ce sont là avant tout les principes de l'économie de marché et d'une certaine forme du libéralisme auxquels la construction européenne est intimement liée qui sont dénoncés. On pourrait ainsi distinguer un « euro-scepticisme » d'un « UE-scepticisme », l'un rejetant principalement le principe de l'intégration, l'autre dénonçant davantage les modalités historiques de celle-ci.

Les formes de ces deux euroscepticismes demandent également à être précisées. Un euroscepticisme de principe doit être notamment distingué d'un euroscepticisme atténué[6]. Alors que le premier s'oppose aux fondements même de toute intégration européenne (quelle qu'en soit la raison), le second refuse la trajectoire actuelle ou future de cette intégration. En d'autres termes, l'euroscepticisme atténué ne demande pas le démantèlement de l'Europe telle qu'elle s'est construite jusqu'à aujourd'hui mais l'arrêt de sa dynamique d'intégration, ou, tout du moins, une complète réorientation de celle-ci.

4. *De nombreux travaux se sont intéressés à l'euroscepticisme, dont notamment John Gaffney (dir.),* Political Parties and the European Union, *Londres, Routledge, 1996 ; Simon Hix et Christopher Lord,* Political Parties in the European Union, *Londres, Macmillan, 1997 ; Paul Taggart, « A Touchstone of Dissent : Eurosceptiscism in Contemporary Western European Party Systems »,* European Journal of Political Research, *33, 1998, p. 363-388.*
5. *Pascal Perrineau, « Le référendum français du 29 mai 2005 », dans Pascal Perrineau (dir.),* Le Vote européen : 2004-2005, *Paris, Presses de Sciences Po, 2005, p. 238-240.*
6. *Nous reprenons ici la distinction proposée dans Paul Taggart et Aleks Szczerbiak, « The Party Politics of Euroscepticism in EU Member and Candidate States »,* SEI Working Papers, *51, 2002 ; Petr Kopecki et Cas Mudde, « The Two Sides of Euroscepticism : Party Positions on European Integration in East central Europe »,* European Union Politics, *3 (3), 2002, p. 297-326.*

Cette forme atténuée d'euroscepticisme ne doit pas inciter à considérer cette catégorie comme trop englobante. Les critiques uniquement sectorielles de l'UE ne sauraient être vues comme des expressions à part entière d'euroscepticisme si l'on veut conserver une cohérence à cette notion. Comme le montrent Aleks Szczerbiak et Paul Taggart[7], critiquer l'UE pour ne pas prendre en compte certains intérêts nationaux, critiquer certaines politiques spécifiques de l'UE, critiquer l'UE pour n'être qu'insuffisamment fédéraliste ou encore la critiquer pour ses insuffisances démocratiques ne sauraient être des éléments à eux seuls déterminants d'une attitude eurosceptique. Pas plus d'ailleurs que ne saurait le faire une opposition à l'élargissement de l'Europe. En effet, le risque serait de tellement diluer la notion d'euroscepticisme que celle-ci deviendrait inutile pour caractériser le positionnement de tout acteur politique.

Quelle est alors la nature du non français ? Est-il véritablement l'expression d'un euroscepticisme jusqu'alors latent d'une majorité des électeurs français ? Ce non représente-il une version atténuée d'euroscepticisme ou bien est-ce que les griefs exprimés ont été trop sectoriels pour qu'il soit légitime d'utiliser cette catégorie ?

Les fondements de cette défiance marquée à l'égard de l'Europe sont également à interroger. La signification du « non de gauche », dont la dynamique a largement structuré la campagne référendaire, ne doit pas être prise comme une évidence. Si opposer un « non de droite eurosceptique » à un « non de gauche UE-sceptique » peut être considéré comme éclairant, la campagne référendaire a montré la grande porosité des critiques d'un camp à l'autre. D'autre part, la dynamique dont a bénéficié le « non de gauche » ne saurait faire oublier que celui-ci n'a pas à lui seul déterminé la victoire du non. La part des différentes motivations du vote non dans le résultat final reste encore largement à estimer.

Une nouvelle défiance vis-à-vis de l'Europe ?

Le 29 mai peut être appréhendé comme l'expression d'une nouvelle défiance vis-à-vis de l'Europe, la critique économique et sociale de l'Europe atteignant une ampleur jusqu'alors inégalée.

7. Aleks Szczerbiak et Paul Taggart, « Theorising Party-Based Euroscepticism : Problems of Definition, Measurement and Causality », SEI Working Papers, *69, 2003.*

La raison de cette transformation du rapport à l'Europe pourrait être cherchée dans les transformations de l'Union européenne elle-même. La fin de la guerre froide, depuis le milieu des années 1980, a permis un changement radical dans le rythme et dans l'objet de l'intégration européenne. Depuis 1985 et l'Acte unique européen, élargissements et renégociation des traités ont été menés à un rythme particulièrement soutenu. Pendant les vingt dernières années (1986-2007), l'Europe est passée de dix à vingt-sept membres, alors qu'elle n'avait réussi l'intégration que de quatre nouveaux États dans les deux décennies précédentes (il s'agissait du Royaume-Uni, de l'Irlande et du Danemark en 1973 , ainsi que de la Grèce en 1981). Dans ce cadre, l'attitude vis-à-vis de l'Europe ne relève plus seulement de l'expression de l'attachement à un symbole ou même à la garantie de la paix et d'une certaine stabilité politique. L'impact de l'intégration européenne sur la vie quotidienne est devenu de plus en plus tangible. Et puisque l'appartenance à l'Europe n'est plus remise en cause, les débats sur son contenu politique peuvent inévitablement conduire à des situations qui ne sont plus consensuelles. En d'autres termes, la conflictualisation de l'enjeu européen ne serait que le signe de sa politisation[8]. D'une certaine manière, alors, l'expression de défiance vis-à-vis de l'Europe ne serait que la réplique à l'échelle européenne de la défiance générale des citoyens à l'égard de leur gouvernement[9].

La confirmation empirique de cette interprétation ne va cependant pas de soi. Que l'on pense d'abord aux élections au Parlement européen. La hausse continue du taux d'abstention lors de ces échéances, depuis les premières élections de 1979, laisse dubitatif quant à l'hypothèse d'un intérêt croissant de l'électorat pour les enjeux européens. Quelle est alors la signification de cette mobilisation électorale différentielle entre élections européennes et référendum sur le Traité constitutionnel ? Cette campagne a-t-elle suscité un véritable intérêt, une sorte de « prise de conscience » ou ne s'agit-il que d'un phénomène éphémère ? En d'autres

8. *Sur les rapports entre conflictualisation et politisation, voir Sophie Duchesne et Florence Haegel, « La politisation des discussions, au croisement des logiques de spécialisation et de conflictualisation »,* Revue française de science politique, *54 (6), 2004, p. 877-909.*
9. *La montée de la défiance par rapport au gouvernement est de ce point de vue effectivement un phénomène généralisé à la plupart des démocraties occidentales. Voir Joesph Nye, Philip Zelikow et David King,* Why People Don't Trust Government, *Cambridge (Mass.), Harvard University Press, 1997.*

termes, ce référendum représente-t-il le moment charnière de l'éveil d'une conscience européenne ? La campagne puis le résultat lui-même ont de ce point de vue pu jouer un rôle central dans la modification des attitudes vis-à-vis de l'Europe.

Mais la thèse de la nouveauté de cette défiance à l'égard de l'Europe est également remise en cause si l'on observe l'histoire électorale française de ces dernières décennies. Il s'agit ici notamment de souligner que, finalement, le référendum du 29 mai 2005 n'est peut-être pas si différent du référendum sur le traité de Maastricht, en 1992. La corrélation entre le niveau du non en 1992 et celui du non en 2005 est très élevée[10], marquant de ce fait la stabilité de la structure territoriale du rejet de l'Europe. Bien entendu, les quelques points de différence entre 1992 et 2005 sont essentiels, puisqu'ils ont déterminé la réussite du premier référendum et l'échec du second. Mais cette rupture ne saurait occulter la continuité des structures menant à ces résultats. La dialectique entre rupture et continuité apparaît de ce fait essentielle pour comprendre la portée du résultat du 29 mai.

Une exception française ?

Parallèlement à cette question de la transformation du rapport à l'Europe se pose également celle de la situation de la France par rapport aux autres nations européennes. Dans quelle mesure le résultat du 29 mai, et le sens dont il est porteur, singularise-t-il la France en Europe ? Les Français seraient-ils aussi contre l'Europe au sens où ils échapperaient à un modèle commun de pensée et de comportement ?

Notons tout d'abord que sur quatre référendums tenus à propos du Traité constitutionnel, deux ont été un succès (en Espagne et au Luxembourg) et deux un échec (en France et aux Pays-Bas). La France n'a pas été de ce point de vue isolée dans son choix. Elle l'a été d'autant moins d'ailleurs que des référendums prévus, mais aujourd'hui suspendus au Royaume-Uni, et avec un peu plus d'incertitude au Danemark, auraient également très probablement conduit à de nouveaux non. En réalité, la France se distingue néanmoins de ce groupe de pays, parce que le non l'a emporté alors que l'opinion publique était *a priori* favorable au traité. Dans un essai d'évaluation

10. La corrélation au niveau départemental est de 0,77. Voir Pascal Perrineau, « Le référendum français du 29 mai 2005 », op. cit., *p. 238-239.*

préalable aux campagnes référendaires, une étude[11] montrait ainsi la probabilité importante de rejet du Traité constitutionnel au Royaume-Uni et aux Pays-Bas, alors que l'opinion publique française paraissait prête à l'accepter.

La défiance vis-à-vis de l'Europe ne semble pas être non plus une exception française en termes d'opinion. Si le projet européen recueille dans son ensemble un large consensus dans les différents États membres, les conséquences de l'intégration européenne laissent place à plus de scepticisme. Suivant un sondage réalisé par la Sofres pour Arte[12] à la fin du mois d'août 2005 en Allemagne, en Espagne, en France, au Royaume-Uni et en Pologne, 42 % des citoyens de ces pays se sentent certes en moyenne plus protégés grâce à leur appartenance à l'Europe (27 % se sentant moins protégés, 26 % ne se sentant ni plus ni moins protégés). Mais seulement 32 % affirment que cette appartenance leur donne le sentiment de vivre mieux (contre 30 % de vivre moins bien). Et 40 % pensent que leur identité et leur culture sont davantage menacées que protégées par l'Europe (28 % des personnes seulement se retrouvant sur l'alternative). Mais là encore il existe une spécificité française, articulant pessimisme sur le plan économique et volonté d'intégration politique. À titre symbolique, la France est ainsi le pays où le plus d'interviewés affirment avoir le sentiment que l'appartenance de leur pays à l'Europe les fait vivre dans un pays moins prospère[13] (43 % de l'échantillon). Et, à l'inverse, la France est le seul pays, avec l'Espagne, où une majorité de citoyens (51 %) se dégage pour souhaiter l'existence d'un président de l'Europe.

Même si cette préoccupation n'est pas forcément centrale aux yeux de nombre d'électeurs, le référendum français sur le Traité constitutionnel a

11. Simon Hug et Tobias Schulz, « Using Mass Survey Data to Infer Political Positions », European Union Politics, *6 (3), 2005, p. 339-352.*

12. Sondage Sofres réalisé du 24 août au 5 septembre 2005, op. cit.

13. Ces questions, et donc ces résultats, sont évidemment à interpréter avec beaucoup de précautions. De manière évidente, sur cette question, l'évaluation de la situation économique du pays joue un rôle très important, sans que l'attribution de la responsabilité à l'Europe ne soit véritablement le cœur de l'enjeu pour les interviewés. Ces résultats font néanmoins sens à un stade exploratoire, et dans une perspective comparée (malgré une situation économique plus dégradée, les interviewés allemands ont par exemple une attitude moins défavorable sur cette question).

bien une dimension européenne. Si le non a été massif, sa signification reste néanmoins encore largement à construire. Mais le référendum français a également une dimension européenne, au sens où il a directement affecté le processus de ratification du Traité constitutionnel européen. Le non français du 29 mai ainsi que son écho aux Pays-Bas le 1er juin ont provoqué la suspension du processus de ratification et le probable abandon du Traité constitutionnel européen. Depuis 1954 et le rejet de la Communauté européenne de défense (déjà par la France !), la construction européenne n'a pas connu un tel coup d'arrêt. Aucune perspective d'avenir claire n'est aujourd'hui dessinée et les gouvernements peinent à s'entendre sur les prochaines grandes étapes. L'ouverture de négociations d'adhésion avec la Turquie, finalement acquise le 3 octobre 2005, a laissé pour le moins dubitatifs plusieurs des grands pays membres. Et le chantier du réaménagement nécessaire des traités européens ne devrait pas être vraisemblablement ouvert avant 2007. Dans quelle direction le non français et sa confirmation aux Pays-Bas ont-ils alors réorienté la construction européenne : vers le *statu quo* ou un hypothétique « plan B » ?

Coup d'arrêt ou nouvelle étape pour la construction européenne ?

L'échec de la ratification du Traité constitutionnel en France a causé un choc d'autant plus grand au niveau européen que le texte en jeu représentait un résultat largement inespéré quelques années auparavant. Les révisions du traité de Maastricht obtenues à Amsterdam en 1997 puis à Nice en 2000 avaient été considérées, de l'avis général, comme particulièrement décevantes. Et, dans cette perspective, il y avait peu d'espoir que les États membres parviennent à se mettre d'accord sur les réformes demandées par l'intégration des dix nouveaux membres d'Europe centrale et orientale et du pourtour méditerranéen. Les divergences entre États membres paraissaient insurmontables et le moteur formé traditionnellement par le couple franco-allemand paralysé. Un texte se définissant comme le traité établissant une Constitution pour l'Europe a pourtant été signé dans des délais relativement brefs, le 29 octobre 2004 à Rome[14]. Cette réussite est en partie due à la procédure originale qui

14. L'accord général sur le texte est en fait acté dès le 18 juin 2004.

avait été finalement retenue. Le travail de la conférence intergouvernementale avait été précédé par une Convention pour le futur de l'Europe, présidée par Valéry Giscard d'Estaing, dont le rôle était d'écrire le texte à proprement parler. La Convention, lancée par la Déclaration de Laeken, était pour ce faire composée de représentants nationaux et de représentants des institutions européennes, notamment le Parlement européen et fonctionnait sur le mode du consensus.

Le résultat du travail de la Convention peut paraître *a posteriori* modeste. L'essentiel du texte du Traité constitutionnel[15] représente en réalité l'effort d'intégration de l'ensemble des traités précédents dans un seul texte. Néanmoins, il innove sur plusieurs points. L'ambition, affichée dans le titre même du texte, de faire un traité établissant une Constitution pour l'Europe, ressort certes avant tout du symbole ; son importance ne doit pas cependant être sous-estimée. Le traité intègre également la Déclaration des droits précédemment établie, lui donnant ainsi toute sa portée juridique. Trois changements institutionnels importants sont finalement également introduits : la modification des procédures de vote au sein du Conseil, la réforme du principe de rotation de la présidence et la réduction du nombre de commissaires.

S'il apparaît pratiquement certain aujourd'hui que ce texte n'entrera jamais en vigueur, aucune direction claire n'est tracée pour savoir ce qui remplacera le Traité constitutionnel. Les acquis du traité de Nice pallieront un temps les conséquences de cet échec ; mais la totalité des États membres reste persuadée qu'un nouveau traité est nécessaire. L'hypothèse du *statu quo* semble inacceptable pour la plupart des pays européens. Et pourtant, rien de tout cela ne serait peut-être arrivé si la France n'avait pas tenu de référendum...

15. *Sur les travaux préparatoires et sur le texte lui-même, voir Renaud Dehousse (dir.),* Une Constitution pour l'Europe, *Paris, Presses de Sciences Po, 2002 ; Florence Deloche-Gaudez,* La Constitution européenne : que faut-il savoir ?, *Paris, Presses de Sciences Po, 2005.*

Chapitre 1

POURQUOI UN RÉFÉRENDUM EN FRANCE ?

Tout le paradoxe de l'échec du référendum français tient à ce que celui-ci aurait très bien pu n'avoir jamais lieu. Le choix de la procédure de ratification des traités est en effet à la discrétion du président de la République, celui-ci pouvant adopter soit la voie parlementaire soit la voie référendaire. Aucune contrainte réelle ne vient limiter ce choix si ce n'est la condition avant tout formelle posée par l'article 11 de la Constitution, à savoir la proposition préalable devant être faite au président soit par le gouvernement (pendant la session parlementaire), soit par un vœu conjoint des deux assemblées parlementaires[1].

Peu de pays offrent une telle liberté de choix. Plusieurs pays rendent en effet pratiquement obligatoires les référendums sur les questions européennes, notamment le Danemark et l'Irlande[2]. Tous les échecs de ratification des grands traités européens, depuis le traité de Rome,

1. *Seule la cohabitation peut rendre toute son importance à cette disposition.*
2. *L'obligation vient dans ces cas du transfert de souveraineté que provoque le nouveau traité, sa ratification entraînant un changement d'ordre constitutionnel. Au Danemark, l'article 20 de la Constitution prévoit ainsi que dans les cas de transfert de souveraineté, une décision qui serait approuvée par plus de la moitié des membres du Parlement, mais n'atteignant pas un seuil de cinq sixième doit obligatoirement être soumise à référendum. En Irlande, c'est une décision de la Cour suprême à propos de la ratification de l'Acte unique européen qui oblige systématiquement à procéder à une modification constitutionnelle lors de l'adoption d'un nouveau traité européen. L'article 46 de la Constitution irlandaise prévoit alors que l'amendement constitutionnel doit être adopté par chacune des deux chambres et obligatoirement soumis à référendum. Voir Paul Thurner et Michael Stoiber, « Comparing Ratification Processes within UE Member States : The Identification of Real Veto Players »,* Working Paper *(www.unizar.es/euroconstitutcion/).*

avaient d'ailleurs étaient liés à ces deux pays, jusqu'au référendum français du 29 mai[3]. À l'inverse, d'autres pays comme l'Allemagne interdisent le choix du référendum.

En France, la liberté de choix de la procédure de ratification n'a pas prévenu l'échec, comme ce sera également le cas aux Pays-Bas quelques jours plus tard. La décision de tenir ces référendums pose alors question. Dans le contexte où ils sont contrôlés par l'exécutif, la sagesse voudrait en effet que leur initiative ne soit prise qu'en cas de forte probabilité de victoire. Pour citer Arend Lijphart, « quand les gouvernements contrôlent l'institution référendaire, ils tendront à l'utiliser seulement lorsqu'ils s'attendent à l'emporter[4] ».

Il apparaît de manière évidente que Jacques Chirac devait avoir conscience des risques pesant sur le référendum. Le précédent de 1992, avec le référendum de Maastricht, avait déjà montré que malgré des sondages préalables très favorables, le score final pouvait être plus que serré. Il ne fait également guère de doute que le président anticipait une victoire finale. Dès lors, la question est double. D'une part, il s'agit de comprendre quelles ont pu être ses motivations profondes pour courir le risque de ce référendum. D'autre part, il apparaît nécessaire de s'interroger sur les facteurs qui ont poussé à sous-estimer les risques de la défaite.

Les motivations d'un référendum

Jacques Chirac n'a jamais véritablement expliqué les raisons qui l'avaient poussé à décider du référendum du 29 mai. Aucune justification n'a été développée au-delà de l'interview présidentielle du 14 juillet 2004 annonçant la tenue du référendum. Mais, il est vrai que cette décision recueillait un large consensus, du moins avant que les sondages ne donnent à voir la probabilité d'une victoire du non, tant dans le camp approuvant ce traité que dans celui le dénonçant. Pour reconstruire ces raisons, trois grandes hypothèses vont être explorées. Le

3. Il s'agit notamment de l'échec du référendum danois du 2 juin 1992 portant sur le traité de Maastricht (50,7 % de non) et de celui du référendum irlandais du 7 juin 2001 sur le traité de Nice (53,9 % de non). Dans les deux cas, un nouveau référendum sur une version légèrement remaniée du texte ou plus précisément de ses protocoles additionnels donnera finalement un résultat positif.

4. Arend Lijphart, Democracies : Patterns of Majoritarian and Consensus Government, *New Haven (Conn.), Yale University Press, 1984, p. 204.*

référendum peut être justifié par les valeurs qu'il sous-tend, en termes de participation des citoyens à la décision publique. Il peut viser des objectifs liés à la décision en jeu. Il peut obéir, enfin, à des raisons découlant des conséquences attendues de son utilisation.

Un impératif démocratique ?

Parmi les justifications avancées, l'argument de la démocratie tient une place centrale. Dans une allocution solennelle, à trois jours du référendum, Jacques Chirac affirme ainsi clairement : « j'ai voulu ce référendum. C'est l'honneur et la vitalité de notre démocratie[5] ». Le référendum est en effet l'institution centrale de la démocratie directe, basée sur le principe d'une participation non médiatisée des citoyens à la prise de décision publique. Si les origines de la pratique de la démocratie directe peuvent être retrouvées dans le fonctionnement de la démocratie athénienne, celle-ci jouit également pour une large part d'une présomption de modernité. Dans un contexte de désenchantement des institutions représentatives, quand les partis connaissent une remise en cause fondamentale de leur rôle d'interface entre société civile et appareil gouvernemental, l'introduction d'une implication directe des citoyens dans la prise de décisions est apparue comme l'un des moyens de redéfinir les régimes démocratiques contemporains[6]. Et le nombre des référendums tenus dans les démocraties occidentales s'est ainsi accru de manière exponentielle depuis la Seconde Guerre mondiale quand, parallèlement, le nombre de pays où l'existence d'opportunités de démocratie directe n'existait pas se voyait réduire drastiquement[7]. Ceci, bien entendu, n'empêche pas les objections de principe à la pratique de la démocratie

5. *Présidence de la République,* Déclaration aux Français sur le référendum français sur le Traité constitutionnel pour l'Europe, *26 mai 2005.*

6. *Ce n'est néanmoins pas le seul mis en pratique. Les institutions représentatives elles-mêmes sont largement réformées (avec par exemple la diffusion d'élections des représentants du niveau local au niveau supranational). Et de nouvelles instances délibératives sont inventées, à l'instar des conférences de citoyens. Voir Henri Rey, Marie-Hélène Bacqué et Yves Sintomer (dir.),* Démocratie participative et gestion de proximité, *Paris, La Découverte, 2005, ainsi que Bruce Cain, Russel Dalton et Susan Scarrow (eds),* Democracy Transformed ? Expanding Political Opportunities in Advanced Industrial Democracies, *Oxford, Oxford University Press, 2003.*

7. *Le nombre de référendums passe ainsi en moyenne d'une cinquantaine par décennie dans les années 1950 à près de 200 dans les années 2000. La dynamique est par ailleurs encore plus forte pour les référendums locaux. Voir*

directe, même s'il apparaît finalement que démocratie directe et démocratie représentative sont deux formes avant tout complémentaires de la participation citoyenne à la vie publique[8].

Si la conviction de la nécessité d'une consultation directe des citoyens sur une nouvelle étape importante de la construction européenne a un rôle qu'il ne faut pas systématiquement négliger, cet argument n'apparaît toutefois pas décisif dans le choix du référendum. Le fait que Jacques Chirac attende le 14 juillet 2004 pour annoncer son intention d'utiliser ce moyen pour ratifier le Traité constitutionnel européen en est un premier indice. Même si le texte n'a été adopté que le 18 juin 2004, l'essentiel du Traité constitutionnel était connu dans sa version finale depuis qu'il avait été soumis au Conseil européen de Thessalonique, le 20 juin 2003[9]. D'autre part, l'absence de consultation directe sur d'autres étapes non moins significatives de la construction européenne étonne si cette conviction devait être centrale. L'absence de référendum sur l'élargissement de l'Europe à dix nouveaux pays d'Europe centrale, orientale et du pourtour méditerranéen est difficilement compréhensible dans cette perspective. Et ce, d'autant plus qu'un référendum avait déjà eu lieu sur le premier élargissement de l'Europe en 1972[10] et qu'à l'occasion du processus de ratification du Traité constitutionnel, un nouvel amendement fut introduit dans la Constitution afin de rendre obligatoire la tenue d'un référendum pour les prochains élargissements[11].

Lawrence LeDuc, The Politics of Direct Democracy : Referendums in Global Perspective, *Peterborough, Broadview Press, 2003, p. 21.*

8. *Ian Budge,* The New Challenge of Direct Democracy, *Cambridge, Polity Press, 1996. Mais ces débats normatifs semblent largement insolubles, ressortant finalement avant tout du registre de l'opinion.*

9. *La période du 20 juin 2003 au 18 juin 2004 correspond à la dernière phase des négociations entre États membres. En réalité, une première conférence intergouvernementale s'était tenue entre le 4 octobre et le 13 décembre. Mais aucun accord n'avait été trouvé en raison de conflits sur la composition de la Commission européenne ainsi que sur la définition du vote à la majorité qualifiée. Par conséquent, toute décision avait été reportée jusqu'au moment de l'adhésion formelle des dix nouveaux États membres, qui devait prendre effet au 1er mai 2004. La deuxième conférence gouvernementale a pu ainsi se tenir finalement en juin à Dublin.*

10. *Il s'agit du référendum du 23 avril 1972, décidé par Georges Pompidou, sur la question de l'adhésion de quatre nouveaux pays (Danemark, Irlande, Norvège et Royaume-Uni).*

11. *Cet amendement ne concerne néanmoins que les adhésions dont les négociations ont commencé postérieurement à son adoption, soit, de manière prévisible, la Croatie et la Turquie.*

Un référendum indispensable ?

Au-delà des valeurs dont il est porteur, le référendum est néanmoins d'abord un instrument de décision, que celle-ci soit de nature législative, constitutionnelle, ou, dans le cas présent, d'autorisation de ratification d'un traité[12]. Dans le contexte institutionnel français, qui rend le référendum facultatif et soumis à la volonté de l'exécutif, faire prévaloir l'option référendaire sur l'option parlementaire peut se comprendre de trois manières, si l'on s'intéresse à l'efficacité de la décision : le référendum peut rendre plus probable l'adoption d'une décision conforme au vœu de l'exécutif ; il peut accroître la légitimité de la décision et, partant, sa longévité ; il peut enfin tendre à influencer le contenu de la décision elle-même dans un sens plus favorable au souhait de l'initiateur.

Le premier cas se présente notamment lorsque le président ne bénéficie pas du soutien conjoint de l'Assemblée nationale et du Sénat ou du moins quand celui-ci est incertain alors que l'opinion publique approuve majoritairement la mesure envisagée. C'est par exemple la situation où se trouve le général de Gaulle en 1962, lorsque celui-ci souhaite faire de l'élection du président de la République une élection au suffrage universel direct. L'opposition de l'Assemblée nationale est manifeste, conduisant même au vote d'une motion de censure contre le gouvernement de Michel Debré. Mais grâce au référendum, la réforme constitutionnelle est facilement adoptée.

Néanmoins, cette logique ne s'applique pas au cas du référendum sur le Traité constitutionnel. Le Parlement aurait autorisé sa ratification sans difficulté particulière. Devant se prononcer au préalable sur des modifications constitutionnelles nécessaires à la ratification du traité, le Parlement réuni en Congrès le 28 février 2005 adoptait la réforme constitutionnelle par 730 voix contre 66 (auxquelles on peut également ajouter 96 abstentions). Plus de 80 % des députés et sénateurs étaient prêts à autoriser la ratification du Traité constitutionnel.

12. *Le domaine d'application du référendum en France est en effet particulièrement large, celui-ci pouvant être mis en œuvre, soit au travers de l'article 11 soit de l'article 89 de la Constitution, pour les quatre grands domaines d'application des référendums : référendums constitutionnels, référendums de ratification de traité, référendum d'autodétermination ou de souveraineté, référendum sur des politiques publiques. Voir L. LeDuc,* The Politics of Direct Democracy, op. cit. *Les seules limitations concernent en réalité l'initiateur du référendum, le président de la République ayant systématiquement un droit d'initiative (article 11) ou de veto (article 89).*

L'adoption d'une décision par référendum peut aussi viser non pas la prise de décision elle-même mais sa légitimité, et donc sa longévité. Aucun recours de type juridique n'existe en effet contre une décision prise par référendum ; le Conseil constitutionnel ne peut en être par exemple saisi. D'autre part, la légitimité que confère le référendum à une décision rend toute révision plus difficile. Pour être acceptée, celle-ci devrait au moins subir la même épreuve. Il ne serait pas imaginable par exemple qu'une nouvelle loi autorisant la ratification du Traité constitutionnel européen soit soumise au Parlement sans qu'un nouveau référendum ne soit convoqué.

Mais le choix du référendum n'affectait guère la longévité du Traité constitutionnel. Sa ratification devait assurer à elle seule la difficulté, si ce n'est l'impossibilité, de tout retour en arrière, même si le Traité constitutionnel prévoyait, pour la première fois, les modalités de la sortie de l'Union européenne de l'un des États membres.

Enfin, dans le cadre de ratification d'un traité, un référendum national peut également servir pour son initiateur à rapprocher le contenu du traité de ses propres préférences. Cela résulte d'une utilisation stratégique du principe de « défection involontaire[13] ». Une défection involontaire s'applique à une situation où, dans le cadre de négociations internationales, un traité signé par toutes les parties prenantes n'entre jamais en vigueur parce que son processus de ratification a échoué dans au moins l'un des pays. De fait, ce risque de défection involontaire peut être brandi par l'une des parties pour renforcer sa propre situation. En réduisant volontairement sa propre marge d'action, ce pays peut alors réussir à influencer significativement le contenu du futur traité s'il parvient à convaincre de sa connaissance effective des préférences de ses propres citoyens (l'aspect périlleux de l'exercice étant la difficulté à n'avancer que les aspects où positions du gouvernement et préférences de la population sont en congruence sans quoi le débouché de la négociation tendrait finalement à s'éloigner des préférences du gouvernement). Simon Hug et Tobias Schulz[14] sont ainsi parvenus à montrer comment le

13. Thomas Schelling, The Strategy of Conflict, *Cambridge (Masss.), Harvard University Press, 1960 et, pour une application au cas du Traité constitutionnel européen, Simon Hug et Tobias Schulz, « Using Mass Survey Data to Infer Political Positions », art. cité.*

14. Simon Hug et Tobias Schulz, « Using Mass Survey Data to Infer Political Positions », art. cité.

Royaume-Uni et le Luxembourg, notamment, avaient pu utiliser la menace d'un échec du référendum de ratification dans leur pays pour obtenir un texte plus favorable à leurs positions au cours de la négociation du Traité constitutionnel européen. Mais, encore une fois, cette motivation n'était pas déterminante pour le choix de Jacques Chirac, celui-ci n'ayant annoncé son intention de procéder à une ratification par référendum que bien après la clôture des négociations sur le traité.

Un détournement de procédure ?

Ni les valeurs ni des contraintes liées à la prise de décision ne semblent centrales pour expliquer le choix de la voie référendaire par Jacques Chirac. Cette initiative devait donc répondre à d'autres motifs, extérieurs à l'objet même du référendum. Cette hypothèse n'apparaît guère étonnante dans le contexte français, la pratique référendaire y étant fortement marquée par les expériences napoléoniennes et gaulliennes. Cette tradition plébiscitaire, où le référendum est une question de confiance posée directement aux électeurs, ne se retrouve toutefois pas directement. Le président initiateur a, notamment depuis François Mitterrand, toujours refusé de lier son sort au résultat du référendum. La démission du président, à l'instar du général de Gaulle après l'échec de son référendum de 1969, ne se reproduirait pas. Pour autant, la voie référendaire reste l'un des moments clés pour déterminer la situation politique d'un président et de sa majorité. Pour François Mitterrand comme pour Jacques Chirac, un référendum sur une question européenne était l'occasion de favoriser la division de l'opposition et, dans le même temps, d'unifier son propre camp autour de lui. En d'autres termes, cela représente une occasion particulièrement propice pour son initiateur de chercher à affaiblir les concurrents tout en renforçant sa propre position[15].

15. Se reporter également sur ces points à Laurence Morel, « Les usages du référendum sous la Cinquième République : un président en perte d'initiative », dans Annie Laurent et Nicolas Sauger (dir.), « Le Référendum de ratification du Traité constitutionnel européen : comprendre le non français », Cahiers du Cevipof, *42, 2005 ; et à Pierre Martin, « Le choix de Jacques Chirac, ou pourquoi Jacques Chirac a-t-il choisi la voie référendaire pour la ratification du Traité constitutionnel », dans Annie Laurent et Nicolas Sauger (dir.), « Le Référendum de ratification du Traité constitutionnel européen : comprendre le non français »,* Cahiers du Cevipof, *42, 2005.*

Diviser l'opposition

De fait, l'initiative d'un référendum peut d'abord répondre à la volonté d'affaiblir ses adversaires politiques en favorisant leurs divisions. Les dissidences politiques, pendant la campagne référendaire, paraissaient en effet pratiquement inévitables, principalement pour le parti socialiste. Les raisons doivent être recherchées, d'une part, dans la division idéologique commune à la plupart des partis sur les questions européennes, d'autre part, dans le dilemme stratégique dont sont l'objet plus spécifiquement les partis d'opposition.

Dès les années 1950, la question de l'intégration européenne a été un élément perturbateur des clivages politiques traditionnels. Cela s'est manifesté tant par des prises de position communes de partis appartenant à des camps opposés (le parti socialiste et l'UDF, qui sont les plus actifs promoteurs du traité de Maastricht en 1992, l'un appartenant alors à la majorité, l'autre à l'opposition) que par la difficulté des partis à construire un consensus interne sur la question (le PS comme l'UDF seront touchés à cette occasion par une scission, le PS avec le départ de Jean-Pierre Chevènement qui crée le Mouvement des citoyens, l'UDF avec le départ de Philippe de Villiers, qui crée le Mouvement pour la France[16]). Cette situation, largement représentative pour l'ensemble des pays européens, en fait, s'éclaire par la distinction de deux dimensions différentes de la construction européenne : son intégration économique et son intégration politique. En d'autres mots, il s'agit ici de reprendre la distinction posée entre « euro-scepticisme » et « UE-scepticisme ». Or ces deux dimensions ne se recoupent que partiellement, de même qu'elles n'entretiennent pas de relation linéaire avec l'axe gauche-droite structurant traditionnellement les espaces politiques européens[17]. Dès lors, on

16. *Chacune de ces scissions renvoie cependant bien sûr à des logiques plus complexes ; voir Benoît Verrier, « Chronique d'une rupture : de socialisme et République au Mouvement des citoyens »,* Politix, *1999, 45, p. 87-113 et Ariane Debourdeau,* Aux marges du système majoritaire : l'exemple du mouvement de Philippe de Villiers, *Paris, Mémoire de diplôme de l'IEP de Paris, 1999, 229 p.*

17. *Cela a été montré au niveau européen (Gary Marks, Carole Wilson et Leonard Ray, « National Political Parties and European Integration »,* American Journal of Political Science, *46, 2002, p. 259-279) et plus spécifiquement au niveau français (Nicolas Sauger, « Sur la mutation contemporaine des structures de la compétition partisane en France : les partis de droite face à l'intégration européenne »,* Politique européenne, *16, 2005, p. 103-126).*

comprendra que la famille démocrate-chrétienne soit la plus cohérente dans son soutien à la construction européenne, parce qu'elle en approuve les deux dimensions, alors que les familles socialiste et conservatrice ont de ce point de vue plus de difficultés, en raison de réserves soit sur la question de l'intégration économique pour les socialistes, soit sur la question de l'intégration politique pour les conservateurs.

Mais la cohérence d'un parti est en jeu surtout quand celui-ci se trouve dans l'opposition. En effet, dans le cadre de référendums initiés par l'exécutif, la cohérence d'un parti d'opposition à vocation gouvernementale est d'autant plus difficile à conserver qu'aux réserves idéologiques s'ajoute une question stratégique. Appeler à voter oui représente d'abord une contradiction avec le statut d'opposant, dans une démocratie majoritaire[18] comme l'est la France. Il n'existe pas de tradition de gestion consensuelle du pouvoir, basée sur des coalitions larges et la consultation continue de l'ensemble des partis. Cette rupture avec le statut d'opposant présente alors des risques, notamment par rapport à l'électorat potentiel du parti. Elle tend notamment à brouiller les repères structurants de l'espace politique, et ce d'autant plus que le respect des consignes de vote est la plupart de temps moindre dans ces cas[19]. À plus court terme, cette stratégie a l'inconvénient d'aider la victoire de l'adversaire. Mais la stratégie inverse, celle de la continuité de l'opposition, implique également d'importantes difficultés. L'une concerne la gestion temporelle de cette opposition. Les alternances gouvernementales régulières, comme c'est le cas en France depuis 1981, font du principal parti d'opposition un ancien mais également un futur gouvernement. Or la position tenue sur le sujet de l'intégration européenne peut difficilement évoluer au fil des cycles d'alternance. Ce changement régulier d'orientation aurait un coût électoral important mais également un coût pour la crédibilité du parti auprès de ses électeurs comme de ses partenaires

18. Ce type de fonctionnement est également appelé « confrontationnel ». Sur cette notion, voir Arendt Lijphart, Patterns of Democracy, *New Haven (Conn.), Yale University Press, 1999 et G. Bingham Powell, Jr.,* Elections as Instruments of Democracy : Majoritarian and Proportional Visions, *New Haven (Conn.), Yale University Press, 2000.*

19. Mark Franklin, Michael Marsh et Lauren McLaren, « Uncorking the Bottle : Popular Opposition to European Unification in the Wake of Maastricht », Journal of Common Market Studies, *32 (4), 1994, p. 455-472.*

européens[20]. La certitude d'un retour prochain au gouvernement diminue ainsi fortement l'intérêt d'une stratégie d'opposition. La seconde difficulté de cette stratégie tient à la gestion de la défaite. Si le référendum réussit, la stratégie d'opposition revient à choisir le camp de la défaite plutôt que celui de la victoire, laissant ainsi le gouvernement seul bénéficiaire de la consultation. Si le référendum échoue, la victoire ne peut être que tempérée par l'obligation d'assumer une partie du coût de la défaite tant aux yeux de la partie de son électorat potentiel souhaitant la ratification du traité que vis-à-vis des autres pays européens.

En somme, il n'existait pas de stratégie idéale, pour un parti d'opposition à vocation gouvernementale, dans le cadre de la campagne pour la ratification du Traité constitutionnel européen. Si on ajoute à cela l'absence de position consensuelle sur le sujet, les dissidences paraissaient inévitables. La campagne référendaire fait plus que confirmer l'hypothèse. Mais l'ampleur des déchirements qu'a donné à voir le parti socialiste, durant cette campagne, est néanmoins surprenante[21]. L'explication en est probablement à chercher également dans la direction de l'organisation du parti[22]. Mais affirmer que Jacques Chirac a décidé d'un référendum dans l'objectif de diviser à tel point le parti socialiste serait tomber dans une illusion rétrospective. L'objectif était très certainement plus modeste. La probabilité de victoire lors de la consultation dépendait d'ailleurs de la détermination des électeurs socialistes à voter oui le 29 mai. Jacques Chirac n'avait ainsi aucun intérêt immédiat à provoquer une telle polarisation. Cette interprétation est encore renforcée par deux raisons supplémentaires. Premièrement, une polarisation trop forte, au-delà des risques qu'elle impliquait pour la victoire finale, risquait également de gagner le camp de la droite. Si l'UMP en était protégée par son statut de parti majoritaire, le danger était en revanche de favoriser le renforcement de la droite souverainiste, largement regroupée autour de

20. *Kenneth Janda, « Changes in Party Identity : Evidence from Party Manifestoes »,* Party Politics, *1 (2), 1995, p. 171-196.*

21. *Voir également Guillaume Duseigneur, « Lorsque l'Union européenne questionne l'identité partisane », dans Annie Laurent et Nicolas Sauger (dir.), « Le Référendum de ratification du Traité constitutionnel européen »,* Cahiers du Cevipof, *42, 2005, p. 74-91.*

22. *En effet, la tenue d'un référendum interne de l'ensemble des adhérents pour déterminer la position du parti sur la question n'a pu qu'accentuer les effets d'une compétition interne déjà vive dans un parti privé de* leadership *fermement établi après le retrait de Lionel Jospin en 2002.*

Philippe de Villiers et de l'extrême droite. En second lieu, la logique de division de l'adversaire ne s'appliquait pas seulement au parti socialiste, mais également aux relations du parti socialiste avec les autres partis de gauche. Les positions de l'extrême gauche et du parti communiste étaient connues d'avance, et ce d'autant plus que ces partis n'étaient pas soumis aux mêmes impératifs stratégiques que le parti socialiste. Le référendum devait également mettre l'accent sur les différences existantes au sein de l'ancienne « gauche plurielle » rendant de ce fait plus difficiles les négociations qui devaient s'ouvrir rapidement après le référendum sur les échéances électorales de 2007. Et ces divisions-là avaient l'immense avantage de ne pas mettre en jeu le résultat final.

Renforcer ses positions

Le second objectif que pouvait viser Jacques Chirac en décidant du référendum du 29 mai était le renforcement de sa majorité. En effet, la pratique référendaire montre que la décision de tenir une consultation directe des citoyens peut contribuer, d'une part, à modifier l'agenda politique de manière à repousser, ou éventuellement avancer, une échéance difficile pour une majorité ; mais celle-ci peut également avoir pour vocation « l'externalisation » de la prise de décision pour un sujet divisant le parti majoritaire. Mais si, dans certains cas, un référendum peut contribuer à apaiser les divisions internes, il peut également aussi les aviver, les enjeux de pouvoir internes pouvant se greffer à l'enjeu discuté pour accentuer la confrontation[23].

La recherche d'un effet d'agenda a été très perceptible dans la campagne référendaire du Traité constitutionnel. Mais ce n'est pas le référendum du 29 mai lui-même qui devait contribuer à cet effet. C'est au contraire pour aider son adoption qu'un autre référendum a été promis. Afin de repousser la question d'une éventuelle intégration de la Turquie à l'Union européenne, la réforme constitutionnelle préalable à la ratification du traité a inclus un nouvel alinéa à l'article 88 de la Constitution, prévoyant que « tout projet de loi autorisant la ratification d'un traité relatif à l'adhésion d'un État à l'Union européenne [...] est soumis

23. Laurence Morel, « The Rise of Government-Initiated Referendums in Consolidated Democracies », dans Mathew Mendelsohn et Andrew Parkin (eds), Referendum Democracy, *Basingstoke, Palgrave, 2001.*

au référendum par le président de la République » (article 88, alinéa 5). Mais le référendum du 29 mai ne visait pas lui-même un tel objectif de structuration de l'agenda politique.

Au-delà de la situation de la majorité présidentielle, un référendum peut être également utilisé pour renforcer plus directement l'initiateur lui-même. La réussite d'un référendum contribue à la stature d'homme d'État du président, à sa légitimité comme premier représentant de la nation, éventuellement aussi à la marque historique qu'il peut imprimer à son temps[24]. Le bilan des référendums depuis le départ du général de Gaulle est cependant de ce point de vue mitigé. Aucun référendum n'a été une parfaite réussite, en raison de la faiblesse de la marge de victoire, mais plus souvent encore parce que les taux de participation ont été très limités, marquant souvent une certaine indifférence populaire pour la question posée. C'était le cas récemment, par exemple, lors du référendum sur le quinquennat. Le référendum peut alors être l'instrument de deux autres objectifs pour le président : rassembler sa majorité derrière lui et affirmer son *leadership* européen. Un référendum ne laisse finalement que peu de place aux outsiders dans le camp majoritaire, contrairement à la situation de l'opposition. La campagne pour le référendum du 29 mai n'aura guère dérogé à la règle. Malgré des tensions internes plus qu'importantes, l'UMP s'est rangée de manière relativement disciplinée derrière le président. Si Nicolas Sarkozy a bien cherché à marquer sa différence, notamment sur le sujet de la Turquie, la campagne référendaire aura peut-être été finalement l'un des moments les plus apaisés des relations entre Jacques Chirac et celui-ci depuis le début du quinquennat, du moins en public. Même François Bayrou et l'UDF se sont trouvés en position de soutenir la position présidentielle, malgré, là aussi, des tensions persistantes depuis 2002. À un autre niveau, l'un des enjeux d'un référendum national sur une question touchant la construction européenne est aussi la position de son initiateur sur la scène politique européenne. S'il est clairement et directement soutenu par ses concitoyens, sa capacité de négociation et d'influence se trouve renforcée. Une victoire référendaire a aussi de ce point de vue une dimension plus symbolique. Et l'organisation d'un

24. Rappelons également que jusqu'en 1962, la pratique gaullienne du référendum visait également à pallier l'absence d'élection présidentielle au suffrage universel direct.

référendum au Luxembourg sur le Traité constitutionnel européen ne saurait, par exemple, être détachée des ambitions européennes de son Premier ministre, Jean-Claude Juncker.

Quelle que soit l'importance des motivations pour décider d'un référendum, celles-ci apparaissent néanmoins toujours inférieures au coût que la défaite peut imposer à son initiateur. En ce sens, la probabilité de la défaite n'a pu qu'être sous-estimée par Jacques Chirac au moment de sa décision.

La défaite était-elle imprévisible ?

Partons du postulat que Jacques Chirac n'avait pas estimé comme probable la victoire du non le 29 mai. La question qui se pose, dans ce cadre, est de savoir si cette défaite était effectivement imprévisible. Mais le risque d'anachronisme est toujours très présent dans ce type de questionnement. Il est évidemment plus facile *a posteriori* de repérer les indices permettant de « post-dire » le bon résultat. C'est pourquoi le raisonnement présenté ici ne reposera que sur un ensemble de données connues au moment de la décision, à la fin du printemps 2004. Il est construit à partir d'une réflexion sur les logiques de décision de vote dans un référendum, notamment s'il porte sur une question touchant à l'intégration européenne.

Si l'initiateur d'un référendum est souvent soupçonné de détourner la consultation à son propre profit, l'électeur est parallèlement régulièrement accusé de répondre à côté de la question qui lui est posée. Et, même s'il le tente, sa capacité à juger d'un sujet complexe est largement mise en doute, les démocraties représentatives contemporaines s'étant précisément construites à partir du postulat de l'incapacité de l'électorat à se prononcer sur des questions de politiques publiques. Il serait souvent inconséquent, préférerait le court terme et négligerait les échéances plus longues, orienterait son vote systématiquement dans un sens conservateur (ou parfois trop révolutionnaire)[25]... Les cas des États-Unis et de la

25. Trois critiques normatives différentes peuvent être en réalité distinguées. L'électorat, tout d'abord, ne bénéficierait pas des facultés cognitives suffisantes pour juger d'une sujet complexe. Il serait incapable de prendre en compte les différentes dimensions de l'enjeu en question et se laisserait, de ce fait, aisément influencer. L'électorat, ensuite, ne bénéficierait de toute façon que d'une information

Suisse offrent ainsi de nombreux exemples où la capacité de jugement des électeurs est mise en doute. L'un des plus célèbres reste celui de la fameuse « proposition 13 » en Californie, adoptée en 1978. Celle-ci, parce qu'elle imposait une forte réduction des revenus de l'État par la suppression de la taxe sur la propriété, a provoqué dans les deux décennies suivantes une situation souvent jugée catastrophique en raison d'une détérioration rapide de l'ensemble des équipements collectifs, l'État n'ayant plus moyen de les entretenir.

Le référendum du 29 mai peut être également considéré comme ayant abouti à un tel résultat. L'échec du référendum français implique en effet le maintien des conditions de fonctionnement de l'Union européenne telles que prévues par le traité de Nice. Or ce traité, parce qu'il rend les prises de décision plus difficiles par rapport au Traité constitutionnel européen en raison de conditions de majorité plus exigeantes et en raison d'un nombre de domaines accrus soumis au droit de veto de chacun des États membres, s'avère plus éloigné que le texte rejeté des préférences d'une large majorité, incluant notamment les partisans du « non de gauche ». La question est alors de comprendre dans quelle mesure ce résultat pouvait être anticipé en fonction des connaissances sur le comportement des électeurs devant effectuer un choix sur un sujet complexe comme le Traité constitutionnel européen.

Trois éléments clés sont généralement considérés comme déterminant dans la compréhension des décisions de vote lors d'un référendum sur une question européenne : les préférences sur la question posée, les prises de position des partis et des personnalités politiques, et enfin les conditions politiques nationales.

Préférences sur l'issue et vote sincère

L'élément premier de l'orientation d'un vote s'incarne, de manière évidente, dans les préférences de l'individu. Il s'agit là d'une logique

trop parcellaire. Même si l'information est aujourd'hui abondante, sa disponibilité pour l'électorat n'est pas automatique : le coût de son acquisition reste en effet élevé, notamment parce que le temps nécessaire à cela est très important. Enfin, l'électorat n'utiliserait pas les bons critères de jugement. Les émotions auraient trop d'emprise sur lui, l'amenant à confondre les qualités d'un message avec celui de son porteur ; il serait égoïste, préférant son propre intérêt au bien public ; il aurait aussi tendance à avoir un biais systématique contre le changement lui faisant choisir de manière privilégiée les solutions de statu quo.

qualifiée de « vote sincère », où le choix résulte de la comparaison directe de l'utilité liée à chacune des options qui sont offertes, en l'occurrence le oui ou le non[26]. Il s'agit en somme d'évaluer chacune de ces possibilités en substance et de choisir celle perçue comme la meilleure. Le 29 mai, l'enjeu était bien ainsi celui de l'expression du consentement à la ratification française du traité établissant une Constitution pour l'Europe.

Derrière son apparente simplicité, cette formulation n'est néanmoins pas dépourvue d'ambiguïté. La préférence en jeu lors d'une décision de vote n'est en effet pas mécaniquement celle induite par la question posée, même si on se limite au cadre strict d'un vote sincère. Un référendum sur le Traité constitutionnel européen pouvait ainsi induire des réponses fondées sur l'évaluation du processus d'intégration européenne, sur l'évaluation du texte du traité proposé, ou encore sur la comparaison du texte du traité proposé par rapport au traité en place. Or, de l'interprétation de la question dépendait évidemment pour partie la réponse.

Malgré cette limite, la relation entre préférence et vote peut néanmoins être utilisée pour tenter d'anticiper le résultat d'une consultation en faisant l'hypothèse que, quelle que soit l'interprétation de la question posée, les réponses dériveront principalement d'une même attitude, ici l'attitude envers l'intégration européenne[27]. Cette méthode s'avère d'autant plus pertinente qu'un point de comparaison est possible dans le temps, avec le précédent du référendum de Maastricht.

Pour mesurer l'attitude envers l'intégration européenne et son évolution dans le temps, une question posée chaque semestre dans les Eurobaromètres est utilisée ici. Cette question concerne l'appréciation de l'appartenance de la France à l'Union européenne, suivant qu'elle est

26. La question d'inclure parmi ces options le vote blanc ou l'abstention peut être débattue. Dans une approche de vote sincère, néanmoins, il est préférable de ne pas les inclure, dans la mesure où celles-ci incluent très souvent une dimension stratégique. Le vote sincère s'oppose ici au vote sophistiqué et au vote stratégique pour lesquels les préférences prises en compte portent également sur les conséquences générales du vote et en particulier sur l'issue finale du scrutin (mais cette forme de vote sophistiqué ne fonctionne surtout lors d'un référendum qu'avec les comportements d'abstention volontaire quand un quorum de participation est imposé ; voir Pier Vincenzo Uleri, « On Referendum Voting in Italy : Yes, No or Non-Vote ? », European Journal of Political Research, *41, 2002, p. 863-883).*

27. Cette hypothèse permet également de répondre en partie à l'objection du caractère artefactuel de certaines opinions, au contraire de l'utilisation de sondages d'intention de vote utilisés longtemps avant l'événement.

considérée comme une bonne chose, une mauvaise chose, ou une chose ni bonne ni mauvaise. Le graphique 1 présente l'évolution, depuis 1985, des réponses affirmant que cette appartenance est une bonne chose (le premier trait vertical correspond à septembre 1992, date du référendum du traité de Maastricht, et le second à mai 2004, moment de la prise de décision de Jacques Chirac).

Graphique 1 : Évaluation de l'appartenance de la France à l'Union européenne (appartenance est une bonne chose) (1985-2005)

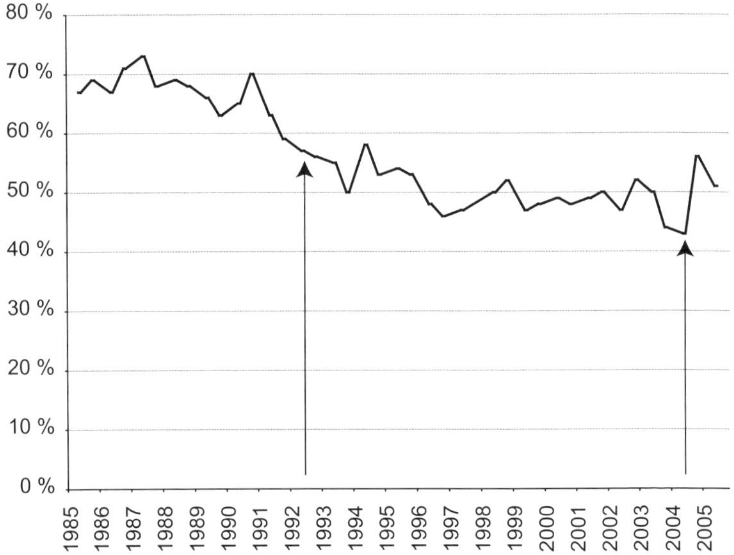

Sources : Compilation de données Eurobaromètre.

Le graphique 1 conduit à une constatation frappante : Jacques Chirac décide d'un référendum sur le Traité constitutionnel européen au moment même où l'évaluation de l'appartenance de la France à l'Europe est la moins positive. Le score de 43 % des Français interrogés affirmant le caractère bénéfique de cette appartenance apparaît comme un minimum historique. Ce sont les deux tiers des personnes interrogées qui l'affirmaient quand François Mitterrand avait choisi de soumettre le traité de Maastricht au référendum. Si ces niveaux doivent bien sûr être considérés avec prudence, il n'en est pas moins évident qu'il existait des données fortes, au printemps 2004, pour percevoir un certain malaise de l'opinion publique à l'égard de l'Union européenne.

Choisir dans un contexte d'informations limitées

L'approche du vote par les préférences bute néanmoins sur plusieurs limites importantes. D'une part, un vote n'est pas forcément « sincère », dans la mesure où des considérations d'ordre stratégique ou simplement expressives (vote de protestation par exemple) peuvent également être les moteurs d'un vote. Cette perspective orientera notamment le troisième volet des hypothèses présentées sur le vote. D'autre part, il n'est pas certain que l'ensemble des électeurs ait une préférence sur le sujet qui leur est proposé. Et, même s'ils ont des préférences au moment du vote, celles-ci peuvent être considérées comme tautologiques plutôt qu'explicatives du vote. En effet, si la préférence se forme par la sollicitation même de l'échéance électorale, l'égalité entre préférence et vote peut pour le moins ne pas être considérée comme surprenante. Dans ce cadre, l'explication du vote doit s'intéresser davantage à la formation des préférences qu'aux préférences elles-mêmes. C'est ce que nous proposons ici.

Face à une sollicitation institutionnelle telle qu'un référendum, les électeurs se trouvent généralement dans la position d'une connaissance très limitée du sujet qui leur est proposé. Même après une campagne intense comme celle du 29 mai, un tiers des personnes interviewées affirment, par exemple, n'avoir pas disposé de toute l'information nécessaire au moment de voter[28]. Et quand les sondages portent sur les connaissances effectives des citoyens sur l'Europe, le niveau des erreurs est important. Par exemple, une seule des cinq questions posées au printemps 2005 par Eurobaromètre voit plus de la moitié de l'échantillon interrogé choisir la bonne réponse à la question[29]. L'évaluation de la question posée nécessite alors une simplification drastique[30]. Celle-ci peut être réalisée en privilégiant la question de valeur fondamentale

28. *Sondage Eurobaromètre (EB171) postréférendaire en France.*
29. *Sondage Eurobaromètre (EB63). La question portait sur le nombre d'États membres de l'UE : était-il égal à 15 ? (les réponses ont été vrai, 24 %, faux, 63 %, sans réponse, 3 %).*
30. *Cette simplification est de toute façon nécessaire quel que soit le niveau d'information.*

sous-jacente à la question. C'est la solution qui a été envisagée précédemment. Elle peut être réalisée ensuite par la mise en exergue de points spécifiques de l'objet de l'évaluation. Le 29 mai, certains votes ont pu être ainsi pour ou contre la constitutionnalisation de la charte des droits, pour ou contre la modification des règles de majorité, pour ou contre la constitutionnalisation du traité... Toute la difficulté reste ici d'anticiper quels seront *a priori* les points privilégiés de l'évaluation. La campagne référendaire joue de ce point de vue un rôle prépondérant. Un troisième moyen de simplification de la prise de décision se trouve dans le changement de l'objet de l'évaluation. Il s'agit ici de transférer l'évaluation d'un objet complexe et mal connu à un objet plus simple et mieux maîtrisé. Les partis, ou personnalités politiques, représentent alors des médiateurs efficaces pour évaluer l'enjeu[31]. Dans le cadre du référendum du 29 mai, il s'agit par exemple pour les électeurs non pas d'évaluer le contenu du texte du traité qui leur est soumis mais d'évaluer les personnes et les organisations prenant position pour ou contre celui-ci. La connaissance d'un espace politique familier peut être ainsi utilisée pour compenser une information limitée.

Dès lors, le résultat d'une consultation peut être anticipé au travers des prises de position de chacun des partis. Or celles-ci sont pour partie connues d'avance. Au cours du printemps 2004, Jacques Chirac peut ainsi largement prévoir ce que seront effectivement les positions des principaux partis, de l'extrême gauche à l'extrême droite[32]. Les partis centraux (UMP, UDF, PS) devaient soutenir le oui, avec quelques dissidences pour le PS, quand extrême gauche et extrême droite devaient former le camp du non. En tenant compte des incertitudes et de l'hypothèse de dissidences limitées, les partisans du oui représentaient entre 50 et 60 % des voix lors de l'élection présidentielle de 2002 et entre 55 et 65 % des voix lors de l'élection européenne de 2004. La situation est en fait assez proche de celle précédant le référendum sur le traité de Maastricht. Lors du premier tour de l'élection présidentielle de 1988, les

31. Pour comprendre l'importation de la théorie des raccourcis cognitifs dans l'explication des votes référendaires, voir Shaun Bowler et Todd Donovan, Demanding Choices : Opinion, Voting, and Direct Democracy, *Ann Arbor (Mich.), The University of Michigan Press, 1998, 198 p.*

*32. La position des Verts était de ce point de vue plus difficilement prévisible bien qu'*a priori *plutôt favorable.*

partisans du oui représentaient à peine plus de 50 % des voix[33], ordre de grandeur confirmé lors de l'élection européenne de 1989[34]. Le caractère légèrement plus favorable du contexte électoral de 2005, par rapport à celui de 1992, doit néanmoins être plus que nuancé en prenant en compte la question de la cohérence des camps. En 1992, le camp du oui est assez homogène, formé principalement par le PS et l'UDF. Et celui-ci bénéficie, d'une part, de la « neutralité » des écologistes et, d'autre part, de la division de certains partis qui n'appellent pas au oui dont, en premier lieu, le RPR. La situation s'inverse en 2005, puisque le nombre de candidats agrégés pour former le camp du oui augmente sensiblement (huit candidats en 2002 contre deux en 1988), que le camp ne prenant pas officiellement position est pratiquement inexistant (alors qu'il représente un quart de l'électorat en 1988) et que le risque de dissidence s'est déplacé vers le camp du oui. En somme, si le contexte électoral de 2005 apparaît moins directement alarmant que la montée de la défiance à l'égard de l'Europe, il n'en laisse pas moins deviner aisément toutes les difficultés d'un référendum de ratification du Traité constitutionnel européen.

Une consultation de deuxième ordre

Une troisième explication des décisions de vote a été proposée spécifiquement pour les référendums ayant pour sujet l'intégration européenne à partir du modèle « d'élection de second ordre » développé pour analyser les élections européennes[35]. Ce modèle peut être résumé par sa conclusion : « les référendums tenus pour la ratification [du traité instituant l'Union européenne] sont mieux compris comme des décisions nationales et de court terme que résultant de considérations européennes et de long terme[36] ». En d'autres termes, les référendums sur l'intégration

33. *Jacques Chirac (19,96 % des voix) doit en effet être exclu des partisans du oui, celui-ci ne donnant pas de consigne de vote en 1992, même s'il affirme toutefois voter oui à titre personnel.*
34. *Il s'agit là nécessairement d'un ordre de grandeur vague, puisqu'il suppose des hypothèses approximatives sur la répartition des voix de la liste d'union du RPR et d'une partie de l'UDF menée par Valéry Giscard d'Estaing.*
35. *Karlhieinz Reif et Hermann Schmitt, « Nine Second Order National Elections : a Conceptual Framework for the Analysis of European Elections Results »,* European Journal of Political Research, *8, 1980, p. 3-44.*
36. *Mark Franklin, Michael Marsh et Lauren McLaren, « Uncorking the Bottle : Popular Opposition to European Unification in the Wake of Maastricht », art. cité, p. 470.*

européenne doivent être analysés d'abord comme le canal d'expression d'une évaluation des performances du gouvernement national.

Le lien entre résultat d'un référendum sur l'intégration européenne, popularité du gouvernement, et performance économique nationale (notamment mesurée au moyen de l'évolution du taux de chômage) a été largement documenté[37]. Les graphiques 2 à 4 reprennent ces indicateurs dans le cas français (la distinction entre popularité du président de la République et celle du Premier ministre étant nécessaire en raison de la dualité de l'exécutif).

Graphique 2 : Cote de popularité du président de la République (opinion positive) (1985-2005)

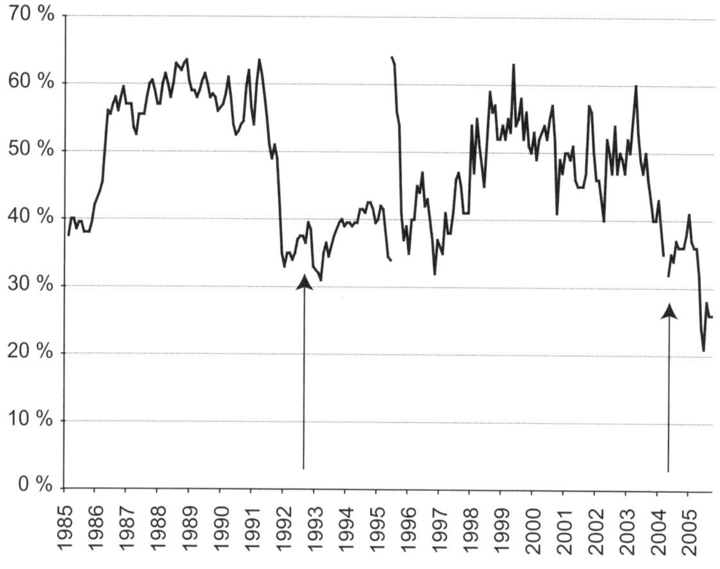

Sources : Compilation de données mensuelles, Sofres.

37. Ibid. *Voir également Gerald Schneider et Patricia Weitsman, « The Punishment Trap : Integration Referendums as Popularity Contests »,* Comparative Political Studies, *28, 1996, p. 582-607, et Claes De Vreese, « Why European Citizens Will Reject the EU Constitution », Center for European Studies* Working Paper, *116, 2004.*

Graphique 3 : Cote de popularité du Premier ministre (opinion positive) (1985-2005)

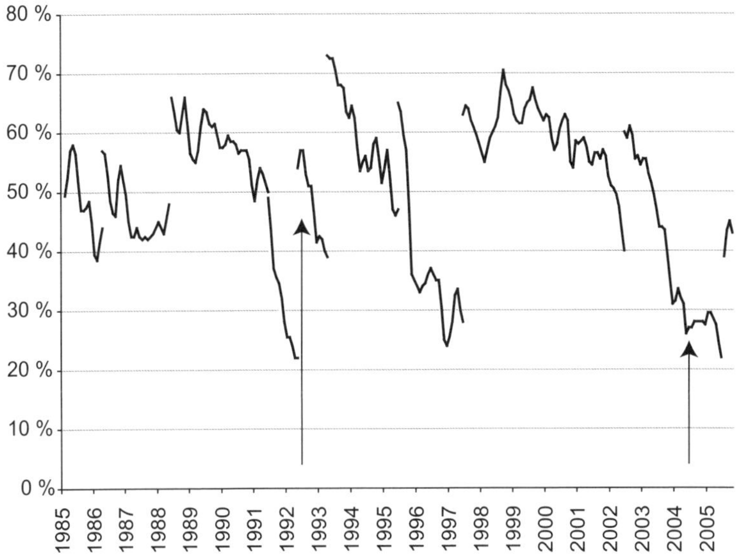

Sources : Compilation de données mensuelles, Sofres.

Deux constations s'imposent. La popularité du président ainsi que le niveau du chômage connaissent des niveaux tout à fait comparables entre septembre 1992, pour le vote sur le traité de Maastricht, et le printemps 2004. La cote de popularité du président est à un niveau bas, avec à chaque fois environ un tiers des personnes interrogées ayant une image positive du président. Le chômage est à un niveau moyen, aux environs de 10 %, mais dans une phase ascendante. Sur ces ceux indicateurs, la situation n'est pas pire en 2004 qu'elle ne l'était en 1992. En revanche, le Premier ministre connaît des situations opposées entre 1992 et 2004. En 1992, Pierre Bérégovoy vient d'être nommé Premier ministre depuis le mois d'avril, après qu'Édith Cresson a battu des records d'impopularité. En septembre, sa popularité est encore à un niveau élevé, avec plus de 50 % d'opinions favorables. En 2004, Jean-Pierre Raffarin est Premier ministre depuis deux ans et déjà largement impopulaire. Il recueille alors moins de 30 % de bonnes opinions. Dans ce contexte, la décision de Jacques Chirac de ne pas changer de Premier ministre

Graphique 4 : Évolution du taux de chômage en France (1985-2005)

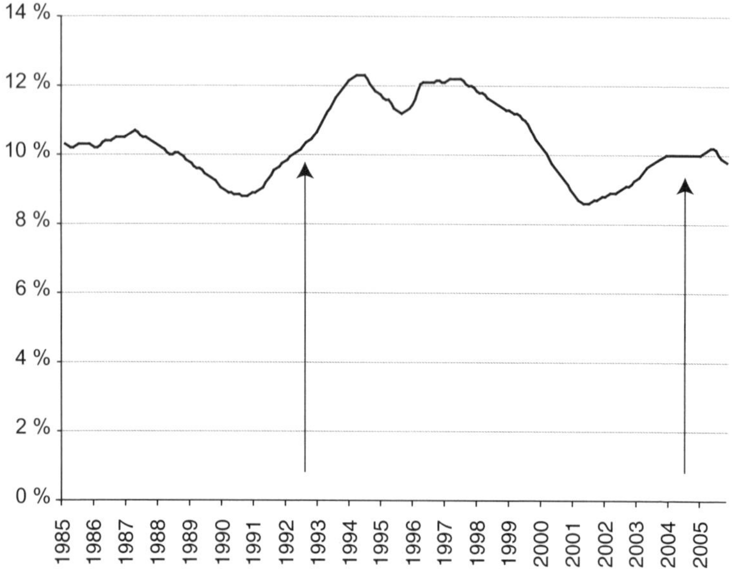

Sources : Données Eurostat. Chômage au sens du BIT, données mensuelles désaisonnalisées.

interroge, et ce d'autant plus que chacun des changements de Premier ministre, depuis 1985, a permis un rebond de popularité d'au moins une vingtaine de points[38].

Si chacun des modèles présentés est construit sur des hypothèses différentes[39], tous donnent à voir une situation identique : les conditions

38. Une exception existe néanmoins à cette règle générale, avec la nomination d'Édith Cresson en 1991 en remplacement de Michel Rocard. Ce changement n'a aucun impact immédiat sur la cote de popularité du Premier ministre, qui reste stable aux environs de 50 %.

39. L'importance de chacun de ces modèles dans l'explication globale pourrait être évaluée a priori *suivant les hypothèses proposées par Mark Franklin (Mark Franklin, « Learning from the Danish Case »,* European Journal of Political Research, *41 (6), 2002, p. 751-757) et Simon Hug (Simon Hug,* Voices of Europe : Citizens, Referendums and European Integration, *Lanham [Md.], Rowman & Littlefield, 2002, chap. 5). Quatre variables (regardant l'institution référendaire, la structure de la compétition et l'ancrage des préférences sur le sujet) devraient alors être prises en compte. Malheureusement, ces variables produisent des effets contradictoires, l'intérêt étant d'autant moins grand que les anticipations liées à chacun de ces modèles sont cohérentes.*

étaient moins favorables encore pour la ratification du Traité constitutionnel européen au printemps 2004, moment du choix de la voie référendaire, qu'elles ne l'étaient pour le référendum de Maastricht. Pourtant, la marge de victoire du oui lors de cette consultation n'était que de moins de cinq cent mille voix. En ce sens, la décision de soumettre le Traité constitutionnel européen peut être considérée comme une erreur de stratégie politique.

Conclusion

L'explication de la tenue d'un référendum sur le Traité constitutionnel européen en France ne semble donc finalement pas principalement pouvoir être trouvée dans l'utilisation stratégique des prérogatives présidentielles. Si des motivations stratégiques ont bien sûr dû jouer un rôle dans la décision, s'il y a eu une sous-estimation des risques d'échecs, cette explication reste insuffisante.

La compréhension de la décision de Jacques Chirac nécessite en fait un détour par la situation des autres pays européens. La multiplication des référendums de ratification apparaît en effet comme le fait marquant de la procédure d'adoption du Traité constitutionnel européen. Avant les échecs français et néerlandais, dix pays avaient annoncé leur intention de tenir un tel référendum (tableau 1). Pour le traité de Maastricht, seuls trois pays avaient procédé à une ratification par une telle procédure. Et l'augmentation du nombre d'États membres (de douze au moment du traité de Maastricht à vingt-cinq au moment du Traité constitutionnel) ne suffit pas à l'expliquer. Ce sont en effet avant tout des États déjà membres en 1992 (huit sur dix) qui avaient énoncé une telle intention. Plusieurs États, comme les Pays-Bas et le Luxembourg, ont même dû adopter une législation *ad hoc* afin de pouvoir procéder à de telles consultations. Ceci se traduit également par le fait que les référendums résultant d'obligations constitutionnelles n'occupent plus une place prédominante parmi ces référendums de ratification. Si l'on exclut les référendums ayant pour objet l'adhésion à l'Europe, les référendums obligatoires danois et irlandais représentaient onze des treize référendums de ratification jusqu'en 2005. En fait, seules la France (pour le traité de Maastricht en 1992) et la Suède (pour son entrée dans l'Union économique et monétaire en 2003) avaient chacune une fois procédé à de tels référendums.

Tableau 1 : Référendums nationaux sur le Traité constitutionnel européen (procédures et résultats)

	Date	Procédure	Résultat	Participation
Espagne	20/02/05	RIG consultatif	Oui (76,7 %)	42,3 %
France	29/05/05	RIG contraignant	Non (54,7 %)	69,3 %
Pays-Bas	01/06/05	RIG consultatif	Non (61,7 %)	63 %
Luxembourg	10/07/05	RIG consultatif	Oui (56,5 %)	90,4 % (vote obligatoire)
Pologne	Suspendu (initialement prévu le 25/09/05)	RIG contraignant	–	–
Danemark	Suspendu (initialement prévu le 27/09/05)	RCO contraignant	–	–
Portugal	Suspendu (initialement prévu le 10/04/05 puis en octobre 2005)	RIG contraignant	–	–
République tchèque	Suspendu (a été envisagé en mai 2006)	RIG contraignant	–	–
Irlande	Suspendu (initialement prévu au début de l'année 2006)	RCO contraignant	–	–
Royaume-Uni	Suspendu (initialement prévu au printemps 2006)	RIG	–	–

RIG : Référendum d'initiative gouvernementale ou présidentielle.
RCO : Référendum constitutionnellement obligatoire.

Sources : Commission européenne.

Pour le Traité constitutionnel européen, au contraire, huit gouvernements avaient choisi de leur propre volonté la voie référendaire. Près de la moitié des pays où ce choix était possible ont ainsi retenu le référendum. Et nombre des pays d'Europe centrale et orientale ont expliqué leur choix de ne pas faire de référendum par le fait que leur référendum d'adhésion, en 2003, incluait déjà implicitement largement l'adhésion à l'Europe telle qu'elle était dessinée par le Traité constitutionnel. La procédure de ratification du Traité constitutionnel européen a ainsi véritablement été marquée par la diffusion d'une norme référendaire en Europe.

Dès lors, le choix auquel a fait face Jacques Chirac n'était en fait plus exactement le même. La question devenait celle du prix à payer pour pouvoir ne pas tenir de consultation directe des Français. Le président était devenu non plus l'initiateur du référendum mais celui qui pouvait lui opposer un veto. Or, à partir du moment où le principal parti d'opposition prenait ouvertement position pour la tenue du référendum, dans la mesure où ce souhait était relayé tant parmi les partisans du oui, au premier rang desquels l'UMP, que ceux du non, il devenait particulièrement difficile de ne pas tenir de référendum. Et ce d'autant plus que l'hésitation présidentielle jusqu'au mois de juillet 2004 avait encore renforcé le coût du refus, les arguments et les prises de position en faveur du référendum ayant pu largement se développer.

Chapitre 2

UNE DYNAMIQUE DE CAMPAGNE HORS NORME ?

L'éventualité d'un non majoritaire le 29 mai en France n'était pas imprévisible, et ce dès juillet 2004. Pour autant, ce résultat n'était pas non plus inéluctable. Plusieurs scénarii alternatifs pouvaient être envisagés. Le relatif désintérêt de l'opinion publique par rapport à l'enjeu du référendum, marqué jusqu'en février 2005, pouvait, par exemple, laisser entrevoir la possibilité d'un oui majoritaire dans un électorat peu mobilisé, comme cela avait été le cas en Espagne, lors de son référendum de février.

Une campagne électorale, ou en l'occurrence référendaire, ne fonctionne pas en effet principalement comme une instance de « conversion ». Cet effet de transformation des opinions reste généralement limité même s'il peut être important politiquement quand les scores sont serrés. Si une campagne électorale importe, c'est d'abord par sa contribution à la formation des opinions et par la dynamique de mobilisation différentielle suivant les segments de l'électorat qu'elle peut impulser[1]. Une campagne électorale n'a en ce sens d'effet qu'au travers de l'interaction entre informations, contexte et prédispositions individuelles. C'est quand ces trois éléments entrent « en résonance » que la dynamique de la campagne peut être la plus forte.

1. *John Zaller,* The Nature and Origins of Mass Opinion, *Cambridge, Cambridge University Press, 1992, 367 p. ; David M. Farrell et Rüdiger Schmitt-Beck (eds),* Do Political Campaigns Matter ? Campaign Effects in Elections and Referendums, *New York (N. Y.), Routledge, 2002, 215 p.*

De toute évidence, la campagne du 29 mai a été marquée par une telle synchronisation d'éléments concourant ensemble, d'une part, à favoriser le non, d'autre part, à structurer ce non autour de la question sociale. Le fait que la gauche soit dans l'opposition, sa dynamique électorale favorable (comme l'avaient montré les élections régionales et européennes de 2004) ou encore les débats autour du projet de « directive services » dite directive Bolkestein en sont des exemples clés.

Mais la campagne pour le référendum sur le Traité constitutionnel européen présente deux visages contradictoires. D'un côté, cette campagne ne semble d'abord qu'orchestrer ce qui semblait l'issue la plus probable de ce scrutin : la victoire du non. De l'autre côté, cette campagne a été souvent perçue comme exceptionnelle. L'intérêt qu'elle a suscité et les changements d'orientation de l'opinion publique qui l'ont marquée ne se retrouveraient que rarement tant dans l'histoire électorale française ou même dans les autres campagnes référendaires en Europe. Or ces deux visions peuvent conduire à des interprétations radicalement divergentes de ce que signifie et de ce que sont les implications du 29 mai. Si la campagne n'a pas été décisive, le non au Traité constitutionnel européen tend à ne représenter finalement qu'une nouvelle manifestation de la défiance générale des Français à l'égard de leurs représentants. Si la campagne a été au contraire centrale lors de ce référendum, on pourrait alors assister à une appropriation par les électeurs de l'enjeu européen. Ce référendum aurait alors définitivement mis fin au « consensus permissif[2] » pendant lequel l'Europe était un enjeu dont les débats étaient réservés aux élites politiques et où seules une adhésion de principe et une confiance *a priori* étaient demandées aux électeurs. C'est donc à partir d'une évaluation de son impact que cette campagne référendaire va être analysée.

Une cristallisation précoce des intentions de vote

La campagne pour le référendum sur le Traité constitutionnel européen a été fondamentalement structurée par un retournement d'opinion

2. Leon N. Lindberg et Stuart A. Scheingold, Europe's would-be Polity : Patterns of Change in the European Community, *Englewood Cliffs, Prentice Hall, 1970.*

tout à fait marquant : alors que les premiers sondages, à l'automne 2004, donnent le oui largement gagnant, avec plus de 60 % des intentions de vote, il s'avère finalement perdant le 29 mai, avec près de dix points de retard sur le non. L'évolution des intentions de vote, tout au long de la campagne, n'est cependant ni linéaire ni volatile. Les intentions de vote se sont structurées de manière relativement précoce et stable. L'analyse de la courbe des intentions de vote ainsi que celle du moment du choix le démontrent aisément.

Les deux moments de la campagne référendaire

Reconstruire l'évolution des intentions de vote pour un scrutin apparaît toujours comme un exercice délicat en termes de méthode. La difficulté majeure reste la fiabilité relative des données des sondages d'intention de vote, notamment pour ceux réalisés plusieurs mois avant le scrutin. La pluralité des instituts de sondage permet de percevoir également des différences importantes, non pas tant en raison d'une manipulation des résultats, dont l'éthique de la production doit par ailleurs être justifiée auprès de la Commission des sondages, mais parce que les différents instituts peuvent procéder à des arbitrages méthodologiques différents[3]. La prise en compte ou non des intentions d'abstention en est un exemple. Mais les choix des méthodes de redressement apparaissent également centraux. Si le redressement des données est une obligation tant en raison des biais d'échantillonnage que de la sous-déclaration systématique de certaines attitudes ou de certains comportements stigmatisants, le choix d'une méthode est en effet toujours soumis à une incertitude sur la performance de celle-ci. Pour la campagne référendaire, l'un des enjeux centraux des méthodes de redressement était ainsi par exemple de déterminer quelle devait être l'élection de référence permettant d'estimer le poids de chacun des électorats. Suivant que la décision se portait prioritairement sur l'élection européenne ou les élections régionales de 2004, les résultats pouvaient différer de plusieurs points.

3. Ajoutons bien sûr en outre la marge d'erreur propre aux techniques de sondage, que l'on peut estimer autour de quatre points ici.

Face à ces difficultés, le graphique 5 reconstituant l'évolution de ces intentions de vote est construit à partir de différentes techniques permettant tant de limiter que de faire apparaître les marges d'erreur.

Graphique 5 : Intentions de vote oui pour le référendum du 29 mai (septembre 2004-mai 2005)

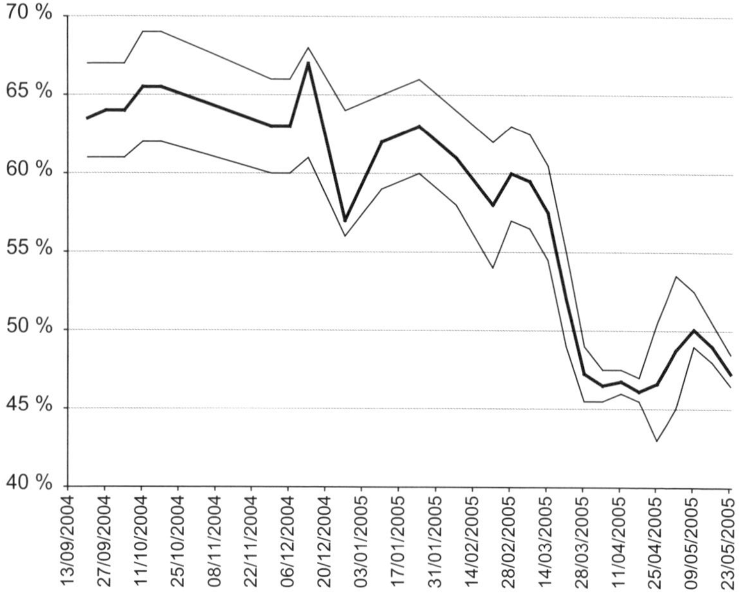

Sources : Instituts BVA, CSA, IFOP, IPSOS, Louis Harris, Sofres.

Note : En gras, la moyenne des intentions de vote oui par semaine (données lissées suivant un ordre 2) ; en maigre, le minimum et le maximum estimés de ces intentions de vote (marge d'erreur jusqu'à deux mois avant le scrutin, puis scores minimum et maximum proposés par les instituts ensuite).

Ce graphique met en lumière trois phases principales dans l'évolution de ces intentions de vote. Dans une période de septembre 2004 (premiers sondages publiés) à février 2005, les intentions de vote oui sont à un niveau élevé (entre 60 et 65 % des intentions de vote) et relativement stable. Un léger tassement est perceptible, mais celui-ci représente une diminution de moins d'un demi-point par mois sur l'ensemble de la période. La deuxième phase, beaucoup plus courte, est celle de d'un tassement brutal des intentions de vote. En trois semaines, du 6 au

27 mars 2005, les intentions de vote oui passent d'un niveau d'environ 60 % à un niveau de moins de 50 %. Enfin, au cours des deux derniers mois de campagne, les intentions de vote oui connaissent de nouveau une certaine stabilité, à un niveau compris entre 45 et 50 %.

Résumée à sa forme la plus simple, la courbe des intentions de vote représente donc une courbe à deux paliers, distants d'une quinzaine de points.

Le caractère spécifique de cette courbe n'est pas alors lié à l'élément le plus couramment souligné dans les analyses, à savoir son évolution. Un changement d'une quinzaine de points en l'espace de trois mois apparaît en effet tout à fait s'inscrire dans le modèle général d'évolution des intentions de vote lors d'une campagne référendaire. Lawrence LeDuc, au travers d'une recension de vingt-trois campagnes référendaires à travers le monde durant les années 1990, montre en effet que le changement moyen des intentions de vote est de 17 points[4]. L'Australie en 1988, à propos d'un référendum sur les libertés, a pu même connaître une évolution des intentions de vote de plus de quarante points en l'espace de quelques semaines. Et en France, pour le traité de Maastricht, les premières intentions de vote portaient le oui à plus de 75 %, l'évolution étant alors encore plus marquée qu'en 2005. Remarquons également que, d'un point de vue comparatif, l'érosion des réponses en faveur du oui n'est en aucun cas une règle générale pour les sujets européens. L'Autriche, la Finlande et la Norvège en 1994 ont montré la possibilité d'une évolution à la hausse du oui, de l'ordre de cinq à sept points.

En revanche, le profil de cette courbe, caractérisé par un décrochage brutal dans une tendance par ailleurs marquée par une relative stabilité, apparaît plus original[5]. Les évolutions apparaissent généralement de manière plus graduelle. L'hypothèse d'un changement effectif dans la période de mars 2005 en est par conséquent renforcée. Il ne saurait ici s'agir d'un simple artefact lié à la technique des sondages. Or cette

4. *Lawrence LeDuc, « Referendums and Elections : How do Campaigns Differ ? », dans David M. Farrell et Rüdiger Schmitt-Beck (eds),* Do Political Campaigns Matter ?, *Londres, Routledge, 2002, p. 145-162.*

5. *Ce profil correspond en fait largement à la dynamique d'un réalignement (*cf. *Edward G. Carmines et James A. Stimson,* Issue Evolution : Race and the Transformation of American Politics, *Princeton (N. J.), Princeton University Press, 1989, 217 p.). Si la théorie des réalignements n'est pas utilisée directement, elle n'en inspire pas moins pour partie les analyses suivantes.*

période correspond à l'un des moments privilégiés de la prise de décision des votes.

De l'indécision au choix

Le retournement de l'opinion enregistré dans le courant du mois de mars correspond fondamentalement au passage d'une attitude favorable à l'Europe à un jugement plus réservé sur l'objet du référendum.

La campagne référendaire est en effet initialement marquée par un niveau d'indécision de l'électorat particulièrement élevé. Moins du tiers des Français affirme ainsi avoir su comment il allait voter lors de l'annonce de la tenue du référendum. Si l'on observe les tableaux 2 et 3, ce taux apparaît bien inférieur à ceux généralement enregistrés pour une élection nationale. Il se situe en revanche dans la norme des pays ayant tenu un référendum sur la même question. La France diffère toutefois des autres pays européens par la proportion importante, proche du tiers, de personnes s'étant déterminées dès le début de la campagne, celui-ci étant approximativement situé au début du mois de mars en France.

Tableau 2 : Moment déclaré de la décision de vote « pour » dans le cadre des référendums sur le Traité constitutionnel européen (pourcentages en colonne)

	France	Espagne	Pays-Bas	Luxembourg
Au moment de l'annonce du référendum	**29**	35	26	29
Assez tôt, au début de la campagne	**29**	23	21	22
Après les résultats des référendums français et néerlandais	–	–	–	4
Au cours des dernières semaines de la campagne	**20**	16	20	23
La semaine avant le référendum	**14**	15	21	17
Le jour même du référendum	**7**	10	11	6
NSP		2	0	0

Sources : Eurobaromètres Flash EB 168, 171, 172 et 173.

Tableau 3 : Moment déclaré de la décision de vote dans le cadre des élections présidentielles de 1995 et 2002 (pourcentages en colonne)

	Élection présidentielle de 1995	Élection présidentielle de 2002
Longtemps à l'avance	52	57
Pendant la campagne	21	21
Au dernier moment	20	21
NSP	6	1

Sources : Enquête Cevipof 1995 et Panel électoral français 2002 (2e vague).

De ces trois éléments ressort d'abord une logique référendaire commune. Parce que les référendums proposent de se situer par rapport à des enjeux plutôt que de se prononcer sur des personnes, ce type de consultation a pour effet premier de générer de l'incertitude et, partant, de l'indécision[6]. Cette indécision est d'ailleurs d'autant plus grande que les positions sur l'enjeu ne correspondent pas aux lignes de clivage traditionnelles. Il ne faudrait pas pour autant trop rapidement conclure à l'absence d'attitude structurée à l'égard de l'Europe dans l'électorat. Au contraire, Cess Van der Eijk et Mark Franklin montrent même que les électorats nationaux en Europe se positionnent plus facilement sur les questions européennes que sur une échelle gauche-droite traditionnelle si l'on compare les taux de non-réponse à ces questions[7]. Mais deux éléments sont manquants pour traduire ces opinions en décisions de vote. D'une part, c'est la relation entre une opinion sur l'intégration européenne et la signification du Traité constitutionnel européen qui n'est pas donnée. Dans ce cadre, il s'agit de comprendre dans quelle mesure le texte représente une situation de *statu quo* ou bien au contraire

6. *Lawrence LeDuc, « Referendums and Elections : How do Campaigns Differ ? », art. cité.*
7. *Cess Van der Eijk et Mark Franklin, « Potential for Contestation on European Matters at National Elections in Europe », dans Gary Marks et Marco Steenbergen (eds),* European Integration and Political Conflict, *Cambridge, Cambridge University Press, 2004, p. 32-50. Les auteurs comparent le positionnement sur une échelle gauche-droite et les réponses à la question « L'Union européenne est-elle allée trop loin ? » des Eurobaromètres.*

une rupture par rapport à l'état connu de la construction européenne. D'autre part, le lien entre attitude à l'égard de l'intégration européenne et décision de vote n'est pas direct. En effet, la décision de vote peut répondre à des motivations ressortant de différents types. Et décider du critère de choix de son vote peut constituer en soi un motif d'indécision. Mais c'est surtout parce que les attitudes vis-à-vis de l'intégration européenne ne sont pas fortement polarisées que le choix peut être incertain. Ainsi, sondés sur l'image qu'a à leurs yeux l'Union européenne, seuls 13 % des Français se retrouvent sur les modalités extrêmes (8 % très positive et 5 % très négative). Et plus du quart d'entre eux (27 %) choisissent la modalité refuge « neutre[8] ».

Mais la France se distingue de ce modèle général par la précocité relative de la prise de décision. Cela revêt deux significations. Premièrement, le Traité constitutionnel européen, ou tout du moins le référendum dont il a fait l'objet, a été investi d'une signification spécifique. Il ne ressort prioritairement ni d'une décision prise longtemps à l'avance, dans ce cas avant tout déterminée par une attitude générale à l'égard de l'Europe, ni d'une prise de décision difficile, de dernière minute, faute d'une interprétation suffisamment tranchée pour pouvoir prendre une décision. Deuxièmement, la construction du sens de ce traité a été relativement rapide au cours de la campagne, les éléments déterminants du choix ayant été disponibles dès son lancement. C'est le rôle de la campagne dans la construction de cette signification que nous nous proposons d'explorer maintenant.

Faire sens du référendum sur le Traité constitutionnel européen

Le paradoxe de cette campagne tient à ce que l'opinion publique se noue à l'un de ses moments de moindre intensité. Et c'est au contraire la cristallisation des intentions de vote, manifestée dans le retournement de leur tendance, qui va véritablement relancer la campagne. En effet, comme le montre le graphique 6, mesurant l'intensité de la présence des questions européennes dans l'agenda médiatique, ce moment de cristallisation prend place entre une « précampagne » qui s'est jouée notamment aux mois de

8. *Sources : Eurobaromètre EB63.*

novembre et de décembre 2004 autour des thèmes de l'adhésion de la Turquie à l'Union européenne et du référendum interne au parti socialiste, et la campagne à proprement parler qui ne débute qu'à la mi-mars[9]. Dans ce cadre, comprendre comment les Français se sont appropriés l'enjeu du référendum du 29 mai suppose d'évaluer tant l'information dont ceux-ci disposaient au moment où ils se sont forgés une opinion que le contexte dans lequel s'est réalisée cette opération.

Graphique 6 : Part des questions européennes dans l'agenda médiatique (juin 2004-mai 2005)

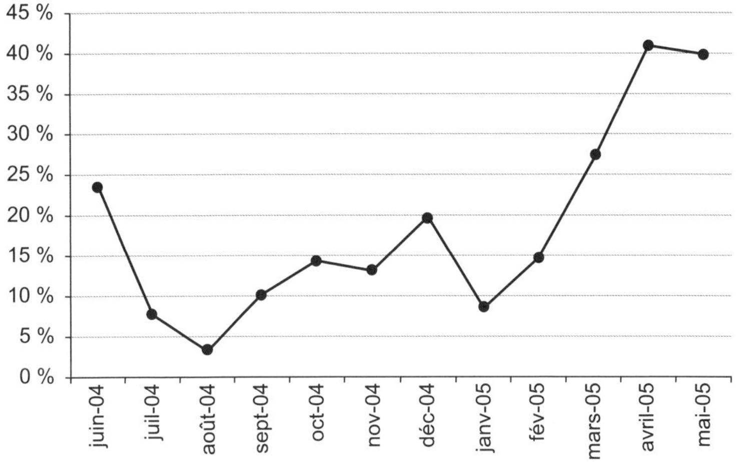

Sources : Unités de bruit médiatique (UBM) mesurées par l'institut TNS/Media Intelligence.

Note : Les UBM sont une mesure d'impact sur le public d'enjeux. Elles sont construites à partir de mesures d'audience et de saillance (poids et position dans la hiérarchie de l'actualité) pour la presse écrite, télévisée et radio-diffusée.

Une décision en connaissance de cause ?

La campagne référendaire française a souvent été citée en exemple des qualités d'une campagne pédagogique et informative. Les réunions

9. *Voir également Christophe Piar et Jacques Gerstlé, « Le cadrage du référendum sur la Constitution européenne », dans Annie Laurent et Nicolas Sauger (dir.), « Le Référendum de ratification du Traité constitutionnel européen »,* Cahiers du Cevipof, *42, 2005, p. 42-73.*

publiques ont été majoritairement consacrées à la lecture du Traité constitutionnel européen et les interventions des leaders politiques ont été souvent émaillées de citations de ce texte. Dans le même temps, cette campagne a été également perçue comme largement démagogique, fonctionnant non pas sur un principe d'information mais de dénonciation[10]. L'évaluation de cette alternative est ici proposée au travers de la mesure du niveau des connaissances de l'électorat ainsi que par une appréciation de la disponibilité de cette information.

Une information suffisante ?

Le graphique 6 montrait l'importance médiatique qu'a revêtue la campagne référendaire. Dans les deux derniers mois, près de 40 % de l'agenda médiatique y est consacré. Et, dans leur ensemble, les Français apparaissent largement satisfaits de cette campagne. Ils sont près des deux tiers à penser avoir disposé d'une information suffisante pour prendre leur décision. La France apparaît bien de ce point de vue avoir connu une campagne exemplaire. Si l'on compare les opinions sur les questions du moment d'entrée en campagne et du niveau d'information (tableaux 4 et 5) dans les quatre pays où s'est tenu un référendum, la France se distingue en effet par le caractère positif de ses réponses. Les Français sont ceux affirmant en plus grand nombre qu'ils ont bénéficié d'une information suffisante quand Espagnols et Néerlandais affirment majoritairement avoir disposé d'une information insuffisante ; ils sont par ailleurs les seuls à ne pas penser prioritairement que la campagne a commencé trop tardivement.

Cette dynamique se traduit en outre effectivement par une meilleure connaissance du Traité constitutionnel européen après qu'avant la campagne et en France par rapport à l'ensemble des autres pays européens[11]. Au printemps 2005, seuls 7 % des Français affirment ainsi n'avoir jamais entendu parler du Traité constitutionnel (contre 18 % dans le reste de l'Union européenne à la même date et 26 % en France à l'automne 2004). Ils sont même 27 % à affirmer connaître globalement le contenu du traité (13 % dans le reste de l'Union et 10 % à l'automne). Un contrôle des connaissances effectives des Français indique même que, en moyenne, une

10. Voir notamment Dominique Reynié, La Tentation social-nationaliste, *Paris, La Table ronde, 2005, 160 p.*
11. Pour les données suivantes, sources : Eurobaromètre EB62 et EB63.

Tableau 4 : Opinions nationales sur le caractère trop précoce ou trop tardif des débats sur le Traité constitutionnel européen (pourcentages en colonne)

	France	Espagne	Pays-Bas	Luxembourg
Trop tôt	**15**	13	7	6
Trop tard	**37**	46	67	68
Au bon moment	**39**	22	13	20
NSP	**10**	19	13	7

Sources : Eurobaromètres Flash EB 168, 171, 172 et 173.

Tableau 5 : Opinions nationales sur le niveau suffisant ou insuffisant d'informations disponibles avant le référendum (pourcentages en colonne)

	France	Espagne	Pays-Bas	Luxembourg
Suffisant	66	43	41	62
Insuffisant	33	52	56	37
NSP	1	5	3	1

Sources : Eurobaromètres Flash EB 168, 171, 172 et 173.

majorité de Français (52 %) ne se trompe pas quand on lui pose une question sur le contenu du Traité constitutionnel (44 % dans le reste de l'Europe)[12].

Ce constat doit néanmoins être nuancé. Ce niveau d'information jugé relativement élevé sur l'enjeu du scrutin ne doit pas oblitérer un niveau de connaissance limité sur l'Union européenne. Un test de connaissance sur l'Europe montre en effet, qu'au cours du printemps 2005, seuls 45 % des Français en moyenne répondent correctement à des questions simples comme le fait de savoir, un an après les élections européennes de juin 2004, si les députés européens sont élus au suffrage universel direct (45 % des personnes interrogées pensent que cela est vrai, 37 % faux et 18 % ne se

12. Ces questions concernent notamment le droit de pétition, le mode de désignation du président du Conseil européen, l'existence prévue d'un ministre des Affaires étrangères, la disparition de la citoyenneté nationale, la création d'un impôt direct européen et la possibilité de se retirer de l'Union européenne.

prononcent pas)[13]. Mais le fait le plus surprenant reste l'évolution temporelle du niveau de ces connaissances sur l'Europe. En effet, l'hypothèse la plus vraisemblable devrait être que ce niveau de connaissance progresse en France plus qu'ailleurs sous l'effet de cette campagne informative. Or, il n'en est rien. Le graphique 7 montre l'évolution de la note moyenne que s'accordent les différents électorats sur leur niveau de connaissance de l'Union européenne depuis 2000. Les Français s'attribuent sur l'ensemble de la période une note stable, et proche (mais inférieure) de la note moyenne que s'accordent les Européens. En revanche, Luxembourgeois et Néerlandais se donnent lors du printemps 2005 la meilleure note qu'ils se sont jamais donnés. Avec un profil similaire à celui de la France, les Espagnols restent sur l'ensemble de la période à un niveau bas.

L'interprétation de ces évolutions ne fait que renforcer les analyses précédentes. La campagne française a principalement porté sur le référendum sur le Traité constitutionnel et non pas plus globalement sur l'Europe, quand ces deux dimensions pouvaient recueillir une attention plus équilibrée aux Pays-Bas ou au Luxembourg. Or ce cloisonnement des enjeux a une importance déterminante tant dans la construction du sens d'un vote que pour les implications de ce référendum. L'absence de logique forte de débordement de l'enjeu du référendum vers l'enjeu européen limite en effet drastiquement la probabilité que l'Europe vienne durablement perturber le jeu politique national.

Une campagne équitable ?

Si l'information disponible pendant la campagne a été jugée suffisante, demeure la question de l'équité de la répartition de celle-ci entre les deux camps en présence. Le camp du non a en effet longtemps dénoncé sa difficulté à accéder à la parole publique. La campagne pour le référendum a été en effet caractérisée par une ligne éditoriale souvent explicite, en faveur du oui, de la plupart des grands médias de la presse écrite, télévisée et radiodiffusée[14].

Le camp du oui a effectivement bénéficié d'un temps de parole significativement supérieur à celui du non. La campagne officielle a mécaniquement

13. Sources : Eurobaromètre EB63.

14. Sofiane Aboura, « French Media Bias and the Vote on the European Constitution », European Journal of Political Economy, *Elsevier, 21 (4), décembre 2005, p. 1093-1098.*

Graphique 7 : Évolution de l'auto-évaluation des connaissances sur l'Union européenne depuis 2000 (notes sur 10)

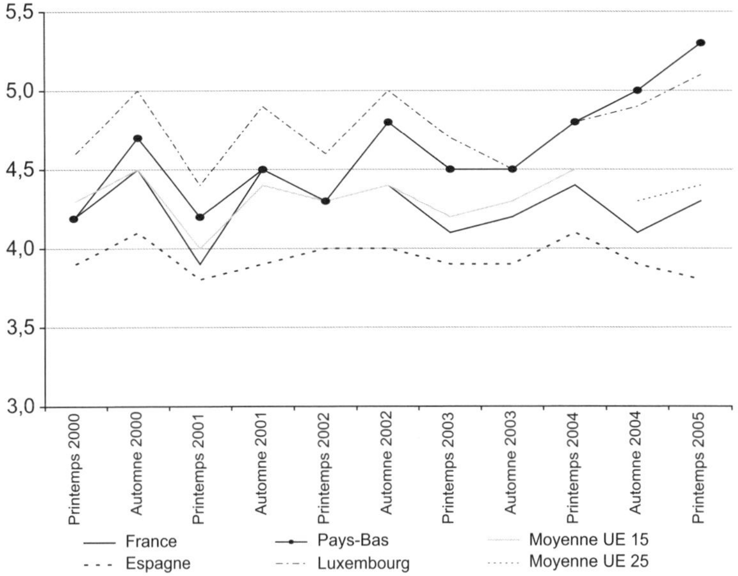

Sources : Eurobaromètres EB53 à EB63.

profité au oui. En effet, dans la mesure où celle-ci repose avant tout sur les partis, et principalement en fonction de leur poids électoral[15], l'UMP et le PS, tous deux en faveur du oui, ont été les principaux animateurs de la campagne officielle. Mais ce biais se retrouve largement si l'on observe la place accordée aux partisans du oui et du non dans l'ensemble des émissions d'actualité ou des émissions politiques (tableau 6). Le oui est

15. La campagne officielle a duré du 16 au 28 mai. La clé de la répartition des temps de parole a été la suivante. Les partis bénéficiant soit d'une représentation parlementaire équivalente à au moins cinq députés ou cinq sénateurs ainsi que les partis ayant obtenus au moins 5 % des votes lors de l'élection européenne de 2004 étaient autorisés à participer aux émissions officielles. Concernant les spots de la campagne officielle, le temps de parole totale était de 2 h 20 sur les télévisions publiques (et autant sur les radios). Ce temps était ensuite divisé de façon à ce que chacune des organisations autorisées à participer bénéficie d'un temps de parole de dix minutes. Le temps restant était alors divisé en deux. La moitié était répartie à la proportionnelle suivant le poids parlementaire des partis. L'autre moitié était répartie également proportionnellement mais cette fois suivant le poids électoral lors de l'élection européenne de 2004 (cf. *www.csa.fr).*

systématiquement favorisé, et ce notamment sur les chaînes publiques. Mais l'écart est encore plus important, lorsque c'est la couverture médiatique du oui ou du non qui est prise en compte. Christophe Piar et Jacques Gerstlé montrent ainsi que, lors des journaux d'actualité de TF1 et de France 2, le temps consacré au oui a été de 796 minutes, quand le non n'était couvert qu'à la hauteur de 141 minutes[16]. En outre, la couverture du non a été essentiellement consacrée aux questions de stratégie (75,5 % du temps consacré au jeu politique), quand l'explication des positions du oui était plus privilégiée (46 % du temps de couverture consacré à l'explication des enjeux)[17].

Tableau 6 : Temps de parole accordé aux partisans du oui et du non sur les grandes chaînes de télévision française (actualités et programmes politiques)

	Partisans du oui	Partisans du non
TF1	2 h 22	2 h 05
F2	12 h 15	9 h 08
F3	19 h 52	14 h 36
Canal +	3 h 31	3 h 12
F5	1 h 49	1 h 26
M6	0 h 59	0 h 35

Sources : Conseil supérieur de l'audiovisuel.

L'existence d'un biais massif en faveur du oui dans la couverture médiatique de la campagne référendaire ne fait donc guère de doute. Le non n'en a pas moins fini par l'emporter. Cela s'explique d'abord parce que le non, même défavorisé, a néanmoins quand même bénéficié d'une large couverture médiatique tant les temps d'antenne consacrés à cette campagne ont été longs. En outre, le camp du non a su également investir les moyens de communication alternatifs qu'offre notamment Internet. Rappelons encore que l'opinion s'est cristallisée à un moment de moindre intensité de la campagne. Et le camp du non n'a finalement

16. *Christophe Piar et Jacques Gerstlé, « Le cadrage du référendum sur la Constitution européenne »,* op. cit., *p. 64.*
17. Ibid.

pas pâti de ce biais en sa défaveur dans une logique de réaction inverse de l'électorat. Cet effet contre-productif peut toutefois difficilement être évalué. Enfin, malgré ce biais, le non a été favorisé par les médias parce que l'information générale, caractérisée par l'omniprésence des problèmes sociaux, est venue appuyer le thème central de la campagne du camp du non[18].

Une cristallisation des décisions au prisme du social

L'ensemble de la campagne référendaire française a été en effet caractérisé par l'omniprésence de la question sociale. L'accumulation des mouvements sociaux, en France, ne pouvait ainsi que renforcer des préoccupations déjà grandissantes autour du thème de l'Europe sociale. Cette évidence doit néanmoins être interrogée. D'abord pour comprendre comment cette thématique centrale a été élargie et a illustré un rapport plus global à l'Europe. Ensuite, il s'agit d'expliquer pourquoi la thématique sociale a été prioritaire, plutôt que d'autres, pour cadrer l'enjeu du référendum du 29 mai.

La question sociale au cœur de la campagne référendaire

C'est lorsque le contexte vient appuyer une ligne d'argumentation clairement identifiée que peut émerger une représentation dominante dans la construction du sens d'un objet[19]. La campagne référendaire pour le Traité constitutionnel a été marquée par une telle convergence, autour de la thématique sociale.

La campagne s'est en effet développée dans un contexte où cette thématique apparaissait omniprésente. Elle est d'abord centrale dans l'agenda gouvernemental. Le mois de décembre 2004 enregistre ainsi le vote du « Plan de cohésion sociale » proposé par Jean-Louis Borloo et l'annonce, par Jean-Pierre Raffarin, du « Contrat France 2005 » lors de sa conférence de presse du 9 décembre. La question de l'emploi est donc alors au centre des annonces gouvernementales tant au travers de la

18. Ibid., *p. 66-67.*

19. Jacques Gerstlé, La Communication politique, *Paris, Armand Colin, 2004.*

création de nouveaux types de contrat que par la réforme proclamée des 35 heures. Mais l'action gouvernementale inclut également la question de la protection sociale, principalement avec la réforme de l'Assurance maladie. Après une action concentrée notamment au niveau des retraites, le gouvernement entreprend en effet des négociations pour tenter de résoudre la question d'un déficit croissant de la Sécurité sociale. La réforme de l'Assurance maladie entre ainsi en vigueur au 1er janvier 2005 avec, pour principaux points, la franchise d'un euro sur toutes les consultations médicales, la mise en place d'un « parcours de santé » imposant notamment le choix d'un médecin référent pour bénéficier de remboursements maximums, et la hausse de la CSG décidée parallèlement à une hausse du forfait hospitalier ainsi qu'à une révision des taux de remboursement de certains médicaments. L'action même du gouvernement favorise ainsi, d'une part, la prise de conscience du niveau élevé du chômage, renforcée en cela d'ailleurs par la publication de statistiques défavorables jusqu'au mois de mai et, d'autre part, l'idée d'un amoindrissement progressif de la protection sociale, celle-ci n'apparaissant pas soutenable financièrement.

Dès janvier 2005 s'enchaîne en outre une série de mouvements sociaux. Les premières grèves, à la mi-janvier, sont le fait de la fonction publique. Des mobilisations lycéennes protestent également contre la loi d'orientation scolaire proposée par François Fillon. Ces mobilisations conduiront finalement à une série d'occupations d'établissements scolaires tout au long du printemps. Mais la visibilité de ces mouvements sociaux atteint son apogée une première fois début février et ensuite dans le courant du mois de mai. L'examen des propositions d'assouplissement des 35 heures à l'Assemblée nationale provoque la première grande mobilisation le 5 février, suite à l'appel à une journée syndicale unitaire. C'est ensuite le 16 mai, jour du lundi de Pentecôte, qu'une nouvelle grève importante est décidée. L'initiative de transformer ce jour traditionnellement férié en « journée de solidarité pour les personnes âgées et handicapées », travaillée mais non rémunérée, rencontre une forte opposition.

Cette actualité sociale particulièrement abondante se retrouve ainsi largement dans la couverture médiatique de cet enjeu. Ainsi, quand le social ne recueillait qu'un peu plus de deux cents minutes dans les journaux de 20 heures de TF1 et France 2, lors de la campagne pour le référendum de Maastricht, cette attention passe à plus de huit cents minutes en 2005[20]. Or la campagne des opposants au Traité constitutionnel européen repose sur la place centrale accordée au social. Les leaders du non de gauche vont jusqu'à consacrer près des trois quarts de leur temps de parole à ce sujet[21] !

Dans ce cadre, la force de l'argument du camp du non au Traité constitutionnel provient de l'articulation qu'il propose entre une situation nationale considérée comme dégradée et la dynamique de l'intégration européenne. Or cette imputation causale de la responsabilité de l'Union européenne sur la situation française repose sur la contestation de l'un des principes historiques fondamentaux de la construction européenne, la libre circulation des personnes, des biens et des services. L'article I-4 du Traité constitutionnel apparaît ainsi au cœur des polémiques de la campagne, Philippe de Villiers et Henri Emmanuelli se retrouvant, par exemple, pour dénoncer le caractère ultra-libéral de cette intégration[22]. Mais l'impact de cette position « UE-sceptique » aura été d'autant plus important que les débats liés à la directive Bolkestein l'auront largement soutenue.

Retour sur la directive Bolkestein

Les débats autour de la proposition de « directive services », dite directive Bolkestein du nom du commissaire européen l'ayant rédigée, apparaissent en effet centraux dans la dynamique de la campagne référendaire. L'ensemble de la classe politique se saisit de l'enjeu, Jacques Chirac allant même jusqu'à prendre en charge personnellement l'opposition à ce projet, exprimée officiellement le 15 mars et assumée lors du Conseil européen des 22 et 23 mars. Et le cœur de la polémique se situe précisément au moment où les intentions de vote se sont cristallisées. Le paradoxe reste cependant que le débat se soit précisément noué sur un sujet faisant finalement consensus (contre lui), et où l'annonce d'un report et de la révision de la proposition a été acquise tôt, dès la fin mars.

20. *Christophe Piar et Jacques Gerstlé, « Le cadrage du référendum sur la Constitution européenne »,* op. cit., *p. 68.*
21. Ibid., *p. 66.*
22. *Voir par exemple leurs positions dans* Le Monde, *hors-série, mai 2005, p. 6 notamment.*

Si cette directive fait problème, c'est bien entendu d'abord en raison de ses implications, notamment sur le plan social. Les mêmes préoccupations se retrouvent : inquiétude par rapport à l'emploi, crainte sur le niveau de protection sociale et appréhension des conséquences au niveau du pouvoir d'achat. Ainsi, parallèlement à l'angoisse générée par les délocalisations[23], émerge une nouvelle figure des conséquences jugées délétères de l'intégration européenne[24], celle « du plombier polonais ». Le principe du pays d'origine, au cœur du projet de « directive services », implique en effet que les conditions, notamment en termes de protection sociale et de droit du travail de ce pays, puissent être appliquées sur le sol d'un autre pays, sous un certain nombre de conditions restrictives. Les usines françaises seraient délocalisées, mais l'emploi des Français sur le sol national serait en outre menacé par une main-d'œuvre étrangère, provenant des autres pays européens, plus compétitive parce que non protégée par les mêmes garanties sociales.

L'effet de la directive Bolkestein ne se limite toutefois pas à cette menace perçue. Il semble devoir même être prioritairement localisé plutôt dans la réactivation de dispositions de plus long terme vis-à-vis de l'Europe. La directive Bolkestein cadre d'abord l'Europe comme vecteur de menaces. Inscrite dans une longue histoire de récriminations contre l'Union européenne, ce projet de directive incarne en effet plusieurs des griefs classiques à l'égard de l'Europe, dont notamment celui d'une prise de décision technocratique et occulte. Le projet heurte le sens commun et n'a pu être mis au jour qu'au tout dernier moment. En somme, l'Europe serait prioritairement un espace de contraintes aboutissant *in fine* à mettre en cause le modèle français[25]. Ce type de perception se retrouve largement sur une grande variété de sujets, de l'effet du Pacte de stabilité lié à la monnaie unique européenne, du fait de la limitation imposée des déficits publics, à des sujets plus ponctuels qui peuvent être tant les

23. Le contexte est en effet marqué également par la suppression des quotas d'importation en provenance de Chine à partir du 1er janvier 2005, la question du textile et de l'habillement occupant alors largement le devant de la scène.

24. Intégration européenne et mondialisation se trouvant assimilées ici.

25. La spécificité française pourrait être de ce point de vue la place limitée accordée aux questions financières ; contrairement aux cas britannique et néerlandais, par exemple, le débat n'a finalement que peu porté sur le coût financier de l'appartenance à l'Europe même si la France devait être un contributeur net au budget européen.

restructurations industrielles, le niveau d'imposition directe sur des secteurs particuliers comme la restauration ou encore la chasse. Par son association avec l'ensemble de ces griefs, le projet de « directive services » ne pouvait ainsi que favoriser un non de protestation nationale à l'égard de l'Union européenne.

Mais ce projet de directive a donné à voir également la possibilité de dire non à l'Europe. Ce non, d'ailleurs, n'est pas forcément anti-européen, mais est construit sur l'idée non seulement du droit de la France à affirmer ses intérêts nationaux, mais également de sa capacité à juger du bien commun. La prise de position de Jacques Chirac, et sa relative réussite du moins à court terme, contre ce projet de directive peut ainsi avoir eu un effet contraire à celui recherché. Et ce, d'autant plus que la France avait déjà récemment réussi à imposer son non, d'une part, sur la scène européenne avec la renégociation du Pacte de stabilité et, d'autre part, sur la scène internationale, par rapport aux États-Unis, notamment sur le sujet de la guerre en Irak. Cette interprétation est encore confortée par la réussite de l'argument du « plan B », hypothétique nouvelle version du texte du traité alors proposé. Le non pouvait bien ainsi représenter la recherche d'une alternative au Traité constitutionnel.

L'échec des cadrages alternatifs

Si elle est centrale dans la campagne référendaire, la question sociale ne doit cependant pas être considérée dans une interprétation trop étroite. Le social déborde ici largement son cadre pour finalement inclure de nombreux enjeux de société contemporains. Comme le montrent les débats autour de la directive Bolkestein, le social a également une dimension économique, tout comme il peut jouer sur le rapport à l'autre, notamment quand celui-ci est un immigré. Il n'en reste pas moins que certains des arguments de campagne ou d'autres éléments du contexte dans lequel celle-ci s'est déroulée ne semblent avoir eu qu'une portée beaucoup plus limitée. C'est le cas par exemple avec la question de l'intégration de la Turquie, très présente pendant l'automne 2004 mais qui disparaît progressivement jusqu'à n'apparaître que très secondaire au printemps 2005. Ce sont encore les enjeux de la démocratie et des droits en Europe, au cœur de la première partie du Traité constitutionnel, de la guerre en Irak et du terrorisme international, qui auraient pu être reliés à la proposition de création d'un poste de ministre des Affaires étrangères de l'Europe, de l'Environnement ou de la Coopération internationale, suite au tsunami en Asie, ou encore de la laïcité, la polémique ayant fait rage sur l'inclusion ou non de la reconnaissance des racines chrétiennes de l'Europe dans le texte du traité. Mais c'est surtout l'absence de la critique du principe même de l'intégration européenne, sur une argumentation de type « souverainiste », qui apparaît patent au cours de cette campagne. Si chacun de ces thèmes a cependant bien été traité, aucun ne semble avoir été véritablement au cœur de celle-ci[26]. Parce que ces cadrages alternatifs auraient pu éventuellement favoriser le oui plutôt que le non, parce qu'ils orientent largement l'interprétation des votes, comprendre pourquoi ils n'ont pas réussi à être imposés est déterminant dans la compréhension du résultat du 29 mai.

Sans prétendre affirmer que la question sociale était le seul cadre possible pour cette campagne référendaire, sa prédominance n'apparaît pas fortuite. Elle est favorisée d'abord par les circonstances. Le fait que la gauche soit dans l'opposition constitue ainsi un élément important de l'explication. Elle s'inscrit également dans un contexte plus général d'inquiétude sur les plans économique et social. Le pessimisme sur les évolutions futures en ces domaines apparaît de rigueur. 50 % des personnes interrogées au printemps 2005 pensent que la situation de l'emploi va encore se dégrader, 19 % seulement estimant qu'elle peut s'améliorer[27]. Et la question de la mondialisation, dont l'importance va croissante au cours des quinze dernières années, alimente également cette dynamique. La France apparaît en effet comme l'un des pays européens associant le plus mondialisation et délocalisation[28], ce dernier terme étant lui-même prioritairement relié au thème du chômage et à celui, dans un rapport causal, du profit des entreprises.

Les attentes à l'égard de la construction européenne sont parallèlement associées à cette thématique sociale. Interrogés sur ce que devraient

26. La démonstration empirique en est apportée par exemple au travers d'une comparaison des discours en France et en Espagne ; voir Pablo Onate, Josefa Ridaura et Rosario Serra, « Ideas, Arguments and Topics for the Approval or the Rejection of the Treaty Establishing a Constitution for Europe », Paris, Conférence EPSnet, juin 2005.

27. Sources : Eurobaromètre EB 63.

28. 59 % des Français interviewés pensent prioritairement à cette association quand on leur demande ce qu'évoque pour eux le terme de mondialisation. Sources : Eurobaromètre EB 63.

être les priorités de l'Europe, les Français se distinguent de leurs voisins européens en demandant très majoritairement, et significativement plus que les autres, que l'Europe lutte contre le chômage (63 % des Français contre 47 % en moyenne en Europe) et contre la pauvreté et l'exclusion sociale (54 % contre 44 %)[29].

Ces attentes sociales par rapport à l'Europe, qui ne sont d'ailleurs pas exclusives d'autres attentes[30], ne ressortent pas seulement d'une logique de l'instant. Elles correspondent en réalité plus fondamentalement à une transformation progressive de l'enjeu européen dans l'espace politique français. Comme l'affirment Bruno Cautrès et Céline Belot, l'enjeu européen, « plutôt que de s'exprimer en dehors du clivage gauche-droite, pourrait à l'avenir contribuer à redéfinir [cette dimension][31] ». Cette tendance, repérée notamment à l'occasion des échéances électorales de 2002, semble en effet se confirmer en 2005. Le principe de l'Europe comme espace de paix et de coopération ne paraît plus devoir être remis en cause, si ce n'est marginalement. En revanche, les débats sur son contenu en termes d'orientation de politiques publiques sont en train de prendre corps. Or ceux-ci peuvent interagir beaucoup plus facilement avec la dimension gauche-droite.

L'interaction entre contexte et argumentation s'est donc inscrite dans une histoire plus longue pour favoriser une compréhension de l'enjeu du référendum du 29 mai au prisme du social. Le chapitre suivant montrera qu'effectivement, au travers de l'analyse du vote, cet enjeu est bien central pour expliquer le oui et le non. Auparavant, il apparaît toutefois nécessaire de voir pour qui ce cadrage de l'enjeu du référendum a fait le plus sens et donc qui s'est prioritairement mobilisé.

Une campagne mobilisatrice

Si l'on excepte le Luxembourg, où le vote est obligatoire, la France est le pays qui s'est le plus mobilisé à l'occasion du référendum sur le Traité constitutionnel. Le niveau de la participation a été de six points plus élevé

29. Sources : Eurobaromètre EB 63.

30. Les Français se caractérisent également par des attentes politiques plus fortes, notamment en termes institutionnel et militaire.

31. Céline Belot et Bruno Cautrès, « L'Europe, invisible mais omniprésente », dans Bruno Cautrès et Nonna Mayer (dir.), Le Nouveau Désordre électoral : les leçons du 21 avril 2002, *Paris, Presses de Sciences Po, 2004, p. 141.*

qu'aux Pays-Bas et de vingt-sept plus qu'en Espagne (*cf.* tableau 1). Cependant, cette mobilisation n'apparaît pas exceptionnelle en termes de niveau comme en termes de structure, du moins si on la resitue dans le contexte français.

Le niveau de la participation au référendum du 29 mai semble en effet dans la norme de l'histoire électorale française. Si l'on considère les principales échéances électorales depuis le début de la Cinquième République, comme sur le graphique 8, il apparaît que le référendum du 29 mai connaît un niveau d'abstention en réalité comparable à ceux des précédents référendums mobilisateurs, ceux du début de la Cinquième République ainsi que le référendum de Maastricht, en 1992. La stabilité du taux de participation référendaire n'est cependant effective que si on l'inscrit dans une dynamique plus générale d'un déclin, limité mais significatif, de la participation sur l'ensemble de la période. De ce point de vue, le référendum du 29 mai est un référendum mobilisateur parce que la participation atteint un niveau intermédiaire entre celui enregistré pour les élections législatives et les élections présidentielles. Ainsi, même si l'abstention progresse modestement de 0,36 points entre le référendum de Maastricht et celui du 29 mai, c'est ce dernier qui connaît le taux de participation le plus important, en termes relatifs[32]. En effet, une estimation réalisée à partir des élections présidentielles et législatives permet d'affirmer que le taux de participation moyen a décliné d'environ un tiers de points par an au cours des années 1990[33]. En ce sens, et sans atteindre des niveaux exceptionnels, la mobilisation électorale atteint un niveau particulièrement élevé en 2005 marquant tout à la fois l'intérêt et l'enjeu du scrutin. Intérêt parce que le référendum faisait sens et enjeu à la

32. En termes absolus également si les bulletins blancs et nuls sont pris en compte. De 1992 à 2005, ceux-ci diminuent de 0,62 points par rapport aux inscrits. Il y a donc une hausse nette de 0,26 points du rapport entre inscrits et suffrages exprimés.

33. Ce type d'évaluation est néanmoins problématique pour de nombreuses raisons. Outre des aspects techniques, il faut souligner ici notamment que les transformations de la participation électorale peuvent être également interprétées non pas en baisse ou hausse tendancielle du taux de participation, mais par l'occurrence plus fréquente de « phénomènes extrêmes », principalement à la baisse (comme, par exemple, lors du référendum sur le quinquennat en 2000), mais éventuellement également à la hausse. De plus, la prise en compte du fait que les élections législatives succèdent ou non directement à des élections présidentielles apparaît certes indispensable mais très difficile étant donné le nombre de cas plus que limité.

mesure de la répétition de sondages montrant la probabilité d'un résultat final serré[34].

Graphique 8 : Niveau de participation électorale pour les référendums, les élections présidentielles et législatives sous la Cinquième République

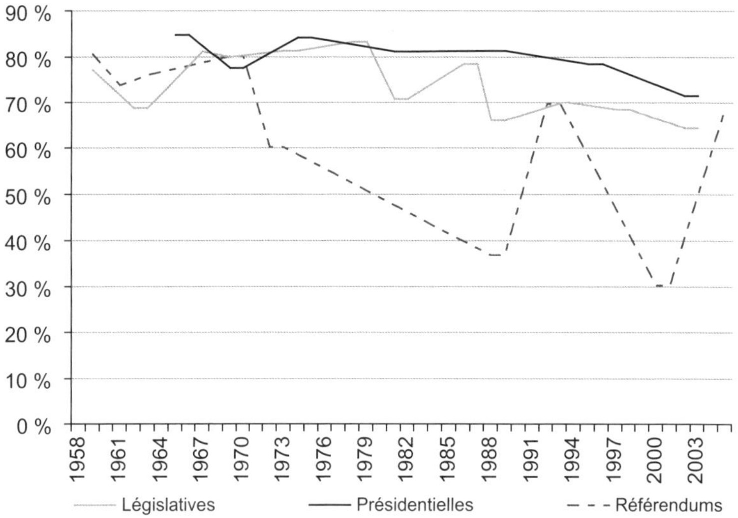

Sources : Ministère de l'Intérieur.

En termes de structure, la participation pour le référendum sur le Traité constitutionnel en France n'apparaît pas non plus exceptionnelle dans son histoire électorale. Une sociographie très simple[35] des abstentionnistes (tableau 7) donne à voir, globalement, une image proche de ce que peut être la structure de la participation électorale pour une élection présidentielle[36]. En revanche, la comparaison au niveau européen fait

34. *Une littérature abondante montre l'impact très significativement positif de scores serrés sur le niveau de participation. Voir notamment André Blais,* To Vote or not to Vote, *Pittsburgh (Penn.), University of Pittsburgh Press, 2000.*
35. *Les données sont en effet particulièrement pauvres de ce point de vue, reflétant d'ailleurs en cela la difficulté plus générale d'appréhender l'abstentionnisme à partir de sondages.*
36. *Voir notamment Anne Muxel et Jérôme Jaffré, « La poussée des abstentions », dans Pascal Perrineau et Colette Ysmal (dir.),* Le Vote de tous les refus, *Paris, Presses de Sciences Po, 2003.*

apparaître relativement le niveau élevé de la participation des plus jeunes (seulement cinq points d'abstention de plus que la moyenne contre plus d'une quinzaine en Espagne et aux Pays-Bas pour les 18-24 ans) et des ouvriers (abstentionnisme proche de la moyenne en France et supérieur

Tableau 7 : Sociographie de l'abstention dans trois pays ayant tenu un référendum sur le Traité constitutionnel européen (pourcentages en colonne)

		France	Espagne	Pays-Bas
Moyenne		**29**	58	36
Sexe	Hommes	**27**	56	38
	Femmes	**31**	59	35
Âge	18-24	**34**	73	54
	25-39	**40**	69	48
	40-54	**22**	58	30
	55 et plus	**23**	41	25
Niveau d'études	15 et -	**25**	53	32
	16-20	**30**	63	39
	21 et plus	**29**	60	34
Profession	Indépendants	**29**	6	43
	Employés	**32**	61	31
	Ouvriers	**31**	67	46
	Sans activité professionnelle	**26**	53	36
Proximité partisane	Extrême gauche	**4**	–	24
	Gauche	**30**	42	33
	Écologistes	**31**	–	23
	Droite	**23**	57	29
	Extrême droite	**31**	–	20

Sources : Eurobaromètres Flash EB 168, 171 et 172.

d'une dizaine de points en Espagne et aux Pays-Bas). Or ces deux catégories font généralement partie des plus abstentionnistes. Ce sont donc pour elles que le référendum a fait sens prioritairement.

Conclusion

Si cette campagne référendaire ne peut être qualifiée d'exceptionnelle, elle n'en reste pas moins marquée par l'intérêt d'une large portion de l'électorat français et notamment parmi les plus jeunes et les catégories populaires. Cette campagne a donné sens à l'enjeu du référendum, centré notamment autour de la question sociale, et a permis une cristallisation précoce d'opinions tranchées sur la question.

En plaçant la question sociale au centre des débats, cette campagne a connu une transformation indiscutable de l'enjeu européen[37]. Cette transformation ne saurait cependant être interprétée comme une rupture radicale. Elle s'inscrit d'abord dans une évolution progressive, déjà largement documentée dès 2002. Et le slogan du parti socialiste pour les élections européennes de 2004, « Et maintenant l'Europe sociale », suffit à montrer la prise de conscience précoce par les leaders politiques de cette évolution. Mais, même à plus long terme, il ne faudrait pas surestimer l'ampleur de ce changement. Dès 1992 et la campagne pour le traité de Maastricht, la question des délocalisations, alors plus considérée par la rhétorique du « *dumping* fiscal » et du « *dumping* social », est au cœur de l'agenda de la droite souverainiste. Par ailleurs, l'évolution programmatique du Front national, sensible à partir de 1995, essayant de joindre thématiques sociale et nationale, inscrit cette évolution de l'enjeu européen dans une transformation plus globale de la structure de l'espace politique français.

37. Les conséquences de cette campagne ne doivent cependant pas être surestimées. Nous avons en effet souligné le cloisonnement existant entre l'enjeu du référendum et la question plus générale de l'Europe. En ce sens, la campagne illustre plus qu'elle ne provoque cette transformation.

Chapitre 3

LES SENS D'UN VOTE

Le 29 mai, le non sort vainqueur du référendum avec 54,7 % des suffrages exprimés. La conjoncture dans laquelle s'inscrit ce scrutin et la dynamique de la campagne l'ayant précédé permettent en partie de comprendre ce résultat. Il faut néanmoins rechercher les raisons pour lesquelles les électeurs qui se sont décidés à se rendre aux urnes ont majoritairement choisi le non.

À cet effet, il est possible d'interroger d'abord les motifs explicités par les électeurs pour rendre compte de leur décision. Le tableau 8 propose ainsi de comparer la raison principale avancée par les électorats ayant été appelés à voter sur le Traité constitutionnel européen pour expliquer leur choix. Il apparaît que le non a représenté à la fois l'expression d'un doute sur les modalités actuelles de la construction de l'Europe et la protestation contre des situations économiques et sociales nationales dégradées. Le oui était quand à lui d'abord une adhésion à l'idée européenne. Et ce modèle européen général apparaît encore renforcé dans le cas français.

Le motif exprimé d'un vote ne saurait néanmoins être assimilé à l'explication de ce comportement. Dans le cadre de ce chapitre, deux enquêtes d'opinion vont être prioritairement sollicitées à cet effet[1]. Ces

1. *Dans le cadre du projet « Enjeux européens et référendum » dirigé par Sylvain Brouard, le Cevipof avec le soutien du ministère de l'Intérieur et du SIG, a confié à TNS-Sofres la réalisation de deux sondages auprès de 1 006 et 1 009 personnes représentatives de la population française âgée de plus de 18 ans, les 13-21 avril 2005 et 11-17 mai 2005. Ces enquêtes ont été déjà exploitées dans des publications précédentes ;* cf. *notamment Sylvain Brouard et Nicolas Sauger, « Comprendre la victoire du non : proximité partisane, conjoncture et attitude à l'égard de l'Europe », dans Annie Laurent et Nicolas Sauger (dir.), « Le Référendum de*

premières clés d'interprétation, bien que confirmant largement les hypothèses précédemment développées, demandent en effet à être questionnées et affinées, tout particulièrement au regard des interprétations foisonnantes des résultats du référendum français.

Tableau 8 : Motivation principale du vote lors des référendums sur le Traité constitutionnel (pourcentages en ligne)

		Opinion sur le TCE	Opinion générale sur l'UE	Opinion sur ceux qui ont mené campagne pour le oui	Opinion sur ceux qui ont mené campagne pour le non	Opinion sur la situation économique et sociale
Espagne	Oui	25	41	19	1	*
	Non	35	6	7	17	*
France	Oui	**16**	**52**	**11**	**6**	**11**
	Non	**20**	**17**	**6**	**4**	**47**
Pays-Bas	Oui	15	44	12	6	11
	Non	21	23	12	6	28
Luxembourg	Oui	13	49	12	2	21
	Non	35	17	6	8	30

Note : * Item non soumis aux choix des personnes interrogées.

Sources : Eurobaromètres Flash EB 168, 171, 172 et 173.

Ces analyses se divisent fondamentalement selon que les auteurs considèrent que la victoire du non est ou n'est pas connectée avec le traité lui-même. D'une part, quelques auteurs, rares et engagés comme Jacques Sapir[2] ou Jacques Généreux, expliquent que l'« on est fondé à

ratification du Traité constitutionnel européen : comprendre le non français », Cahiers du Cevipof, *42, 2005, p. 121-141 ; Sylvain Brouard et Vincent Tiberj, « The French Referendum : the not so Simple Act of Saying Nay »,* Political Science & Politics, *avril 2006 ; ainsi que Vincent Tiberj, « Les clivages sociologiques », dans Alain Mergier* et al., Le Jour où la France a dit non, *Paris, Plon, 2005, p. 42-55.*

2. *Jacques Sapir,* La Fin de l'eurolibéralisme, *Paris, Seuil, 2005.*

considérer que la victoire du non manifeste principalement une aspiration pro-européenne, en rupture avec l'orientation trop libérale de la construction européenne et exigeant un traité plus attentif à la question sociale[3] ». Dans une logique similaire, quelques auteurs placent cette fois la question européenne et non plus le Traité constitutionnel au cœur de l'explication des votes, mais sans avoir recours à la thématique de l'euroscepticisme. Pierre Martin[4] précise ainsi qu'« il n'y a pas vraiment de contradiction entre le fait que la très grande majorité des électeurs n'ont pas lu le traité et que la grande majorité d'entre eux (y compris les partisans du non) déclarent dans les enquêtes qu'ils ne se sont pas prononcés prioritairement le 29 mai en fonction de leur opinion du président ou du gouvernement car beaucoup d'entre eux se sont saisis du référendum pour porter un jugement (négatif) sur le bilan des politiques menées au niveau européen. Le référendum est ainsi l'occasion pour les électeurs de porter un jugement rétrospectif sur le bilan politique de l'Europe, appréciation qu'ils ne peuvent porter lors des élections européennes, où l'absence de responsables et de pouvoirs clairement identifiés les prive de cette possibilité contrairement aux élections nationales[5]. » À l'inverse, si Sally Marthaler[6] reconnaît que « le référendum peut être vu comme un vote rétrospectif sur l'élargissement de 2004 et comme un avertissement au personnel politique quant à une perspective trop rapprochée de nouveaux élargissements, notamment à la Turquie », comme la majorité des auteurs, elle conclut que « c'est le contexte plus que le texte qui a pesé ».

La plupart des auteurs privilégient effectivement le cadre « national » pour des explications néanmoins différenciées. Selon une première logique, politique, c'est la polarisation croissante de l'électorat français, durant les trente dernières années, qui a fait du résultat du 29 mai 2005

3. *Jacques Généreux,* Sens et conséquences du « non » français, *Paris, Seuil, 2005, p. 24.*
4. *Pierre Martin, « Le référendum du 29 mai 2005 : analyse du scrutin »,* Commentaire, *111, automne 2005, p. 708.*
5. Ibid., *p. 708.*
6. *Sally Marthaler, « The French Referendum on Ratification of the EU Constitutional Treaty, 29 May 2005 »,* Representation, *41 (3), 2005, p. 228-236. Sur cette position, voir également Robert Franck, « Why Did a Majority of French Voters Reject the European Constitution ? »,* European Journal of Political Economy, *21, 2005, p. 1071-1076.*

un « événement prévisible », comme l'explique Bertrand Lemennicier[7]. Dans la même perspective, mais à plus court terme et de manière plus spécifique, René Rémond évoque sur la question européenne un « glissement décisif », un « véritable effondrement à gauche », et approuve l'idée qu'une partie de la gauche traditionnelle est passée en fait à ce que l'on peut qualifier d'extrême gauche. Toujours suivant une logique politique, le vote référendaire apparaît également comme une réponse à la situation politique française. Ainsi, Olivier Duhamel soutient que « le non du 29 mai 2005 est d'abord un "non" français, le "non" d'une majorité d'électeurs à la politique telle qu'elle est pratiquée en France[8] » : « dégradation du politique, souffrance sociale, épuisement institutionnel, tels sont les trois ressorts de la crise française qui expliquent le 29 mai 2005[9] ». Soulignant « l'irrésistible nationalisation d'un vote européen », Pascal Perrineau voit également dans la victoire du non « une sanction (qui) est essentiellement nationale et a utilisé l'Europe comme bouc émissaire[10] ». Le référendum est donc d'abord utilisé par les électeurs comme sanction de la majorité gouvernementale[11]. Pierre Martin met ainsi en évidence que « la carte du non est la combinaison de deux dynamiques politiques : [d'une part] une dynamique politique dominante de mobilisation de la gauche [et d'autre part] celle de l'extrême droite[12] ».

Plus généralement, la question du retour du national ou même du nationalisme et son corollaire qu'est la croissance de l'euroscepticisme peuvent s'avérer représenter des explications complémentaires à celles qui viennent d'être exposées. Ainsi, René Rémond souligne que « ce qui est frappant est que le dénominateur commun à tous ceux qui ont voté non, c'est le réflexe populiste. Il est le seul élément commun : signe de repli sur soi, défiance à l'égard de toute ouverture, refus de l'avenir avec

7. *Bertrand Lemennicier, « Political Polarization and the French Rejection of the European Constitution »,* European Journal of Political Economy, *21, 2005, p. 1077-1084.*

8. *Olivier Duhamel,* Des raisons du non, *Paris, Seuil, 2005, p. 23.*

9. Ibid., *p. 40.*

10. *Pascal Perrineau, « Le référendum français du 29 mai 2005 », dans Pascal Perrineau (dir.),* Le Vote européen, de l'élargissement au référendum français, *Paris, Presses de Sciences Po, juin 2005.*

11. *Voir aussi Bruno Jérôme et Nicolas G. Vaillant, « The French Rejection of the European Constitution : an Empirical Analysis »,* European Journal of Political Economy, *21, 2005, p. 1 085-1 092.*

12. *Pierre Martin,* op. cit., *p. 707.*

sa part d'inconnu. Ce réflexe populiste est indivis : à gauche comme à droite, ce sont les mêmes sentiments, les mêmes craintes[13]. » Cette analyse rejoint celle de Dominique Reynié quant au « vertige social-nationaliste[14] » de la gauche du non. Elle insiste sur la peur de la perte de souveraineté nationale et la crainte de l'immigration comme déterminant du refus du TCE[15].

Cette dernière interprétation n'est pas exclusive d'une logique sociale, seconde clé interprétative dans le cadre national. Comme François Miquet-Marty évoquant un « vote d'exaspération à la fois social et national[16] », Stéphane Rozès[17] souligne que « le vote non est d'abord porté par un principe de précaution sociale. En la matière, les dimensions européennes et nationales ne sont pas distinctes, mais étroitement imbriquées dans les représentations. [...] Dépendants des seuls revenus du travail, les électeurs du non ont été mus non par des logiques partisanes ou médiatiques, mais par un réflexe de classe où l'on peut voir l'héritage d'un modèle républicain qui lie social et politique. » Bruno Jeanbart[18] remarque qu'en 2005, « l'euroscepticisme a su conjuguer conquête des classes moyennes et consolidation de ses soutiens traditionnels, pour s'imposer sans coup férir ». Il rejoint par conséquent l'approche de Dominique Goux et Éric Maurin[19] centrée sur le social, mais plus mesurée, qui insiste sur la spécificité du scrutin. Le clivage entre oui et non s'est déplacé et se situe, d'une part, entre les très diplômés et les autres – non plus entre les diplômés et les autres –, d'autre part, entre les élites du pays et l'ensemble de la classe moyenne, alors que la coupure passait entre classe moyenne

13. *René Rémond, « Nous avons sonné le glas de l'influence française »,* Revue des Deux Mondes, *7-8, juillet-août 2005, p. 9-13.*
14. *Dominique Reynié,* Le Vertige social-nationaliste : la gauche du non et le référendum de 2005, *Paris, La Table ronde, 2005.*
15. *Voir Robert Franck, « Why Did a Majority of French Voters Reject the European Constitution ? »,* European Journal of Political Economy, *21, 2005, p. 1 071-1 076 ; Bruno Jérôme et Nicolas G. Vaillant, « The French Rejection of the European Constitution : an Empirical Analysis »,* European Journal of Political Economy, *21 (2005), p. 1 085-1 092.*
16. *François Miquet-Marty, « Un vote d'exaspération, social et national »,* Revue politique et parlementaire, *2006, p. 51-57.*
17. *Stéphane Rozès, « La renationalisation du débat européen »,* Le Débat, *136, septembre-octobre 2005, p. 41.*
18. *Bruno Jeanbart, « De Maastricht à Bruxelles : évolution de la sociologie du vote »,* Revue politique et parlementaire, *2006, p. 32-38.*
19. *Dominique Goux et Éric Maurin, « 1992-2005 : comment le oui s'est décomposé »,* Le Monde, *02 juin 2005.*

du privé et classe moyenne du public en 1992. Ces auteurs y perçoivent « le symptôme d'une anxiété devant l'avenir qui n'épargne plus personne », tout particulièrement les classes moyennes « fragilisées par la généralisation de l'instabilité professionnelle ».

Chacune de ces trois logiques – politique, sociale et européenne – va, dans ce chapitre, faire l'objet d'une investigation approfondie. Elles seront ensuite testées simultanément pour être *in fine* discutées et mises en perspective, afin de restituer les sens de ce vote du 29 mai 2005.

Oui de droite, non de gauche ?

Dès l'annonce des résultats, la signification de l'élection a fait l'objet de passes d'armes enflammées entre les différentes personnalités politiques. Du fait de ses divisions, la logique politique des votes revêt pour la gauche une importance toute particulière. L'interprétation du sens du scrutin est devenue un élément central dans la bataille pour le contrôle du parti socialiste et pour l'investiture à la présidentielle. De même, la concurrence entre les divers partis de gauche et d'extrême gauche se saisit de cette question : qui est le plus proche du peuple et en particulier « du peuple de gauche » ? De fait, l'UMP a également des intérêts convergents avec les tenants du non à gauche. En accréditant l'hypothèse d'un non de gauche, elle tente d'esquiver ses propres responsabilités dans l'échec du référendum. Pourtant, sa faiblesse électorale et l'impopularité du gouvernement Raffarin peuvent être également considérées comme l'une des raisons principales de la victoire du non au référendum sur le Traité constitutionnel.

Le gouvernement Raffarin a-t-il fait perdre le référendum ?

L'hypothèse de la responsabilité du Premier ministre dans l'échec du référendum a été avancée par des membres de la majorité parlementaire avant même le 29 mai 2005, plusieurs ministres et députés de l'UMP suggérant à mots plus ou moins couverts à Jean-Pierre Raffarin de se mettre en retrait pendant la campagne référendaire. En effet, le référendum se déroule dans un contexte de très faible popularité du Premier ministre. 30 % seulement des Français interrogés mi-avril 2005 et mi-mai 2005 approuvent plutôt ou tout à fait l'action du gouvernement de Jean-Pierre Raffarin.

Dès mi-avril 2005, les jugements sur l'action du gouvernement ont un effet polarisant sur les intentions de vote au référendum. L'opposition au gouvernement favorise le non quand l'approbation du gouvernement est associée à un fort niveau de oui. Cependant, ce phénomène dépasse le traditionnel effet gauche-droite. De sorte que si l'on fait abstraction des personnes interrogées se déclarant plutôt de gauche, la dimension contestataire anti-gouvernementale associée au vote non apparaît toujours. La part du non chez ceux qui ont une opinion négative du gouvernement atteint les deux tiers de l'échantillon. Par ailleurs, la proportion de ceux qui ont une opinion négative du gouvernement est de plus de 80 % dans les intentions de vote en faveur du non. L'impact de l'impopularité du gouvernement dépasse donc le clivage gauche-droite, et affecte en profondeur les comportements référendaires. Conformément aux attentes, l'impopularité du gouvernement pèse de ce fait sur le résultat du référendum de manière significative.

Mais l'analyse conjointe de l'opinion sur l'action du président et sur les intentions de vote met en évidence que le non est plus étroitement associé à l'impopularité de Jacques Chirac qu'à celle de Jean-Pierre Raffarin. Ce phénomène est perceptible dans l'ensemble de l'électorat mais plus nettement encore si l'on omet les personnes se déclarant de gauche. Ainsi, dans notre échantillon de mai 2005, l'opinion négative vis-à-vis de Jean-Pierre Raffarin va de pair avec 65 % d'intentions de vote pour le non. Pour les opinions négatives vis-à-vis de Jacques Chirac, l'association atteint 71 % (tableau 9). Hors gauche, la proportion grimpe respectivement à 67 % et 74 %. Tout laisse à penser qu'au moment du référendum, le Premier ministre ne protège plus le président et que l'insatisfaction vis-à-vis de ce dernier est, au moins autant que celle vis-à-vis de son Premier ministre, sous-jacente au refus du Traité constitutionnel. Huit Français sur dix qui annoncent leur intention de voter non désapprouvent l'action du président.

De ce point de vue, le président porte une responsabilité déterminante au sein de l'exécutif quant à l'échec du référendum. Parce qu'il a décidé de ce mode de ratification, parce qu'il a confirmé son Premier ministre après une série de défaites électorales en 2004 et que son impopularité est la plus étroitement associée au non, Jacques Chirac est au premier rang des responsables

Tableau 9 : Intentions de vote référendaire selon l'appréciation de l'action du président de la République (pourcentages en ligne)

	Intentions de vote (Hors gauche)		Intentions de vote (Ensemble)	
Opinion sur l'action du président	Oui	Non	Oui	Non
Positive	77	23	78	22
Négative	26	74	29	71

de la défaite et de l'incontestable bien qu'involontaire contribution de l'exécutif à la victoire du non. S'il est indéniable que l'impopularité de l'exécutif est une dimension incontournable de la logique politique à l'œuvre lors du scrutin du 29 mai, la question du rôle des partis lors de cette échéance est, elle aussi, particulièrement importante.

Le clivage gauche-droite et la discipline partisane en question

À l'issue du référendum interne des socialistes, le paysage politique de la campagne référendaire semblait relativement simple. Le PS, les Verts, l'UMP et l'UDF défendaient le oui, les autres partis le non. Ainsi, tant à droite qu'à gauche du jeu politique, la division a été de règle. Cependant, très rapidement, les partis de gauche officiellement favorables au oui ont expérimenté le brouillage des messages. De manière certes différente, l'UMP a porté également plusieurs discours. Ces différents éléments interrogent l'incidence des alignements politiques sur les comportements référendaires. Le clivage gauche-droite a-t-il structuré les attitudes vis-à-vis du référendum ? Les partis ont-ils pesé sur ce référendum ? Comment l'orientation politique et la proximité partisane ont-elles influencé les intentions de vote ?

En France, depuis le début des années 1980, la pertinence du clivage droite-gauche décline progressivement, tout au moins en ce qui concerne les attitudes politiques des citoyens[20]. Ce fut largement le cas une fois

20. *Étienne Schweisguth, « La dépolitisation en questions », dans Gérard Grunberg, Nonna Mayer et Paul Sniderman (dir.),* La Démocratie à l'épreuve, *Paris, Presses de Sciences Po, 2002, p. 51-86.*

encore, lors du référendum sur le Traité constitutionnel, les commentaires se concentrant sur les responsabilités respectives de la droite et de la gauche. Pourtant, la proportion de personnes se déclarant ni à droite ni à gauche atteint un niveau élevé dans nos échantillons. Plus exactement, avec autour de 40 % des répondants dans les deux échantillons, la position non-alignée rassemble le plus grand nombre de personnes. Ce groupe pourrait-il alors « avoir fait » le référendum, tant en termes d'évolution temporelle que de décision finale ? En tout état de cause, une attention accrue vis-à-vis des comportements politiques des personnes sortant du clivage gauche-droite est nécessaire, compte tenu de la perturbation qu'ils sont susceptibles d'apporter au jeu politique, s'il n'est lu qu'en termes droite-gauche, mais également en raison de leur importance numérique.

L'analyse des intentions de vote selon le positionnement politique confirme que seules les personnes se déclarant à droite sont massivement en faveur du oui au référendum. Cependant, dans cet électorat, il n'y a pas unanimité. Plus d'un quart des sympathisants de droite sont en désaccord avec la position du gouvernement, du président de la République, de l'UDF et de l'UMP. L'opposition au Traité constitutionnel, portée par Philippe de Villiers, Jean-Marie Le Pen mais également Nicolas Dupont-Aignan au sein de l'UMP, est loin d'être marginale dans l'électorat. Cette divergence interne et l'affaiblissement de la droite dans l'opinion produit le résultat étonnant d'une droite qui n'apporte qu'un peu plus d'un tiers des intentions de vote en faveur du oui.

Pour les sympathisants de gauche, la Constitution européenne est néanmoins un enjeu nettement plus polarisant. L'inclinaison des sympathisants de gauche pour le non atteint presque 60 %. Paradoxalement, bien que majoritairement en faveur du non, la gauche représente autour de 30 % des intentions de vote en faveur du oui, soit à peine moins que la droite.

Pour les 40 % de répondants qui ne se déclarent ni à droite ni à gauche, les intentions de vote ont penché en faveur du non à l'approche du référendum. Ainsi, quand le tiers d'indécis dans leur rang s'est prononcé, les ni à droite ni à gauche se sont peu ou prou alignés sur l'équilibre ayant cours parmi les sympathisants de gauche. Entre mi-avril et mi-mai, les intentions de vote en faveur du non ont augmenté de 8,4 points. La baisse de l'indécision affecte en termes d'effectifs massivement les « ni droite ni gauche » et presque exclusivement en faveur du non. La réserve de voix n'était donc pas en faveur du oui. À la veille de l'élection, les non-alignés forment le groupe le plus nombreux des personnes défavorables à la Constitution européenne. Par conséquent, ce groupe constitue le socle principal de la victoire du non. Toute modification, dans ce groupe de l'équilibre des intentions de vote, a un impact décisif sur l'issue du scrutin.

Le désalignement politique n'empêche pas la majorité des répondants de donner une proximité partisane. La comparaison des intentions de vote selon cette proximité entre les deux vagues d'enquête ne fait pas apparaître de changement significatif. Les partis « extrêmes » à gauche et à droite sont les plus fervents adversaires de la Constitution européenne quand les proches de l'UDF et de l'UMP en sont les principaux supporters (près de trois sur quatre). La proximité partisane avec les formations de la droite parlementaire s'accompagne donc, comme parmi les sympathisants de droite, d'une dissidence de l'ordre de 25 %. L'opposition interne des souverainistes autour de Nicolas Dupont-Aignant n'a pas eu le même impact que celle du PS, comme on le verra ultérieurement. Mais le clivage interne à la droite ne concerne pas uniquement des électeurs du FN ou en rupture avec la droite parlementaire ; il traverse également les deux partis de la majorité parlementaire. Cependant, à l'UMP, le brouillage des discours a pris également une autre forme. En effet, deux types d'argumentaires distincts ont justifié le oui. Le oui libéral est, par exemple, l'apanage du président de l'UMP. Lors d'une réunion publique au cœur de la campagne électorale, Nicolas Sarkozy a en effet expliqué que le Traité constitutionnel serait le moyen de moderniser la France en dépassant ses conservatismes et ses blocages pour libérer les énergies et les initiatives. À l'opposé, le président de la République et le Premier ministre ont préféré mettre en exergue que l'Europe est un bouclier contre la mondialisation, le nouveau traité venant encore renforcer cette protection.

Les sympathisants des Verts sont en majorité favorables au non, alors même que leur parti est majoritairement favorable au oui. Il est éclairant de remarquer que les sympathisants Verts se déclarent en majorité ni à droite ni à gauche. Qui plus est, les dirigeants et élus Verts ont tenu des discours contradictoires qui n'ont pas pu favoriser une éventuelle discipline partisane.

Le PS est probablement celui pour lequel le brouillage du message a été le plus fort. Sans surprise, le parti le plus important en termes de proximité partisane a été, par conséquent, écartelé de manière quasi égale entre le oui et le non avec peu de variation significative durant la campagne. Le brouillage de la position du parti socialiste découle de l'engagement actif et public en faveur du non de certains de ses leaders (Laurent Fabius après Henri Emmanuelli et Jean-Luc Mélenchon) durant la campagne référendaire. Le hiatus entre les discours de la majorité et de la minorité a produit une confusion aussi importante qu'incontestable dans l'opinion, comme le met en évidence le tableau 10. 27,1 % des personnes interrogées pensent que le PS est « plutôt pour le oui », 11,1 % « plutôt pour le non », 54,2 % « trop divisé pour qu'on puisse vraiment savoir ». Mais surtout, cette proportion est relativement constante quels que soient les électorats considérés, le niveau de division estimé étant par ailleurs très significativement supérieur à celui perçu pour l'UMP.

Tableau 10 : Perception de la position des partis (PS et UMP) suivant la proximité partisane (pourcentages en ligne)

	PS			UMP		
	Pour le oui	Pour le non	Trop divisé	Pour le oui	Pour le non	Trop divisé
Extrême gauche	32	21	47	63	5	32
Parti communiste	22	17	61	70	7	23
Parti socialiste	33	11	56	67	4	29
Les Verts	24	18	58	61	3	37
UDF	32	15	53	75	4	21
UMP	32	9	59	78	1	21
Front national	32	7	61	45	8	47
Moyenne	27,1 %	11,1 %	54,2 %	59 %	3,4 %	27,1 %

Les sympathisants des partis de droite contribuent plus que les autres au oui qui est majoritaire parmi eux. Les sympathisants de gauche ont, quant à eux, majoritairement alimenté le non. Mais rappelons que ce sont les ni droite ni gauche qui constituent le groupe le plus important des opposants au Traité constitutionnel.

Libéralisme contre altermondialisme ?

Sous-jacente à l'idée d'un oui de droite et d'un non de gauche, l'hypothèse d'une opposition idéologique autour du libéralisme a représenté une deuxième clé de lecture du scrutin. En caricaturant, le référendum donnerait corps à un nouveau clivage idéologique entre libéralisme et altermondialisme en France, celui-ci contribuant alors à redéfinir le clivage droite-gauche. Ainsi, deviendraient visibles les convergences entre les tenants du « social-libéralisme » à gauche et du « néo-libéralisme » à droite.

Une question concernant l'opinion vis-à-vis des entreprises (confiance ou défiance) semble partiellement confirmer cette hypothèse. Les résultats, présentés dans le tableau 11, révèlent que ce sont les plus « libéraux », ceux qui veulent donner plus de libertés aux entreprises, qui soutiennent majoritairement le oui au référendum (62 %). À l'inverse, ceux qui veulent que l'État réglemente et contrôle davantage les entreprises se prononcent, dans les mêmes proportions, pour le non.

Tableau 11 : Intentions de vote référendaire selon l'opinion sur les entreprises (pourcentages en ligne)

Pour faire face à la situation économique, il faut...	Oui	Non
Faire confiance aux entreprises et leur donner plus de libertés	62	38
Que l'État les contrôle et réglemente	39	61

À l'exception des attitudes vis-à-vis de l'entreprise, les autres questions ne permettent pas d'accréditer le pouvoir structurant des attitudes vis-à-vis du libéralisme. Ceux qui ne sont « pas du tout d'accord » avec l'idée que « les services publics (comme la SNCF ou La Poste) fonctionneraient mieux s'ils étaient privatisés » se prononcent clairement pour le non (64 %). Pour les autres, le oui est toujours majoritaire. La même configuration se reproduit, lorsque l'interrogation porte sur la réduction du nombre de fonctionnaires[21]. Ainsi, il est indéniable que pour une

21. D'autres questions pouvant ressortir de cette dimension ont également été testées. Les résultats n'ont pas été non plus concordants.

minorité, l'opposition structurée au libéralisme dans ses différentes dimensions s'accompagne d'une tendance au rejet de du Traité constitutionnel. Cependant, l'opposition au libéralisme ne semble pas être l'élément structurant les intentions de vote au référendum. Par conséquent, il est probable que les attitudes à l'égard des entreprises ne soient pas en premier lieu le symptôme d'un rapport structuré au libéralisme, mais prennent plutôt place dans le registre des inquiétudes sociales.

Le peuple contre les élites ?

La crise de la représentation touche l'ensemble des démocraties occidentales. La France ne fait pas exception. Seuls 17 % des répondants à la mi-avril 2005 considèrent que les hommes politiques se préoccupent beaucoup ou assez de ce que pensent les gens comme eux. Cette faible confiance, à un niveau stable depuis 1997, contraste avec celle dont bénéficiaient fin 1977 les hommes politiques (53 %). Le désalignement politique d'une proportion croissante de citoyens est également l'une des manifestations de la crise de la représentation. Néanmoins, celle-ci se caractérise également par son ancrage social. L'éloignement du personnel politique, du clivage gauche-droite et la désaffection vis-à-vis de la démocratie concernent d'abord les moins diplômés et les catégories populaires. Dans cette perspective, beaucoup ont commenté la revanche du peuple sur les élites à l'occasion du référendum.

Public-privé : qui soutient la Constitution ?

La séparation public-privé dans le rapport au travail est souvent considérée comme une variable structurelle au niveau politique. En ce qui concerne le référendum de mai 2005, cette césure ne semble pas prédominante. Les indépendants ont été favorables au oui lors des deux vagues d'enquêtes. Les (ex)salariés d'une entreprise publique ou nationalisée sont, dès la première enquête, opposés à la Constitution européenne dans une proportion confirmée lors de la seconde enquête (plus de 55 % de non). En revanche, les (ex)salariés de l'État ou des collectivités locales fortement enclins à voter oui (60 %) lors de la première enquête s'alignent massivement sur leurs collègues du privé pour s'opposer à la Constitution européenne à la fin de la campagne (58 %).

Cette majorité de non des (ex)salariés du public se différencie-t-elle pour autant de la position des (ex)salariés du privé ? Pour les salariés du privé, les intentions de vote initialement légèrement favorables au oui (52 %) passent ensuite majoritairement dans le camp du non dans les mêmes proportions. Par conséquent, il n'y a pas de hiatus entre les salariés du secteur public et du secteur privé par rapport au référendum tant en termes d'évolution au cours de la campagne ou de souhait majoritaire. La séparation public-privé dans le rapport au travail ne semble pas être la plus pertinente pour expliquer les intentions de vote.

France d'en bas contre France d'en haut ?

Le vote de classe est-il de retour ? L'analyse des logiques sociales du vote conforte-t-elle l'opposition de la France d'en haut contre la France d'en bas ? Plusieurs indicateurs peuvent être mobilisés pour vérifier cette hypothèse.

En premier lieu, le capital scolaire est associé à des intentions de vote différenciées (*cf.* tableau 12). En effet, les bacheliers et les diplômés du supérieur sont à plus de 57 % pour le oui, quand ceux qui ne sont pas bacheliers sont pour le non à plus de 56 %.

Tableau 12 : Intentions de vote selon le niveau de diplôme (pourcentages en colonne)

	Enquête mi-avril 2005		Enquête mi-mai 2005	
Diplôme le plus élevé :	Oui	Non	Oui	Non
< Bac	39	51	39	55
> ou = Bac	61	49	61	45

De manière convergente, ceux qui appartiennent aux catégories socioprofessionnelles les plus favorisées, et qui sont également en activité, sont à plus de 55 % favorables au oui, alors que les catégories moins favorisées sont favorables au non à près de 65 % ! Les retraités se prononcent quant à eux pour le oui à plus de 56 %. La stabilité durant la campagne apparaît remarquable à la lecture du tableau 13.

La stabilité des intentions de vote selon le niveau de revenu mensuel apparaît aussi nettement à la comparaison des deux vagues. La lecture du graphique 9 souligne que les intentions de vote en faveur du non sont majoritaires dans les foyers dont les revenus mensuels sont inférieurs à 2 301 euros pour ensuite devenir minoritaires.

Tableau 13 : Intentions de vote selon les catégories socioprofessionnelles (CSP) (pourcentages en colonne)

	Enquête mi-avril 2005		Enquête mi-mai 2005	
	Oui	Non	Oui	Non
Retraités	50	37	46	35
CSP +	33	27	32	26
CSP -	17	36	22	39

Graphique 9 : Intentions de vote selon le revenu (revenus mensuels par foyer en euros)

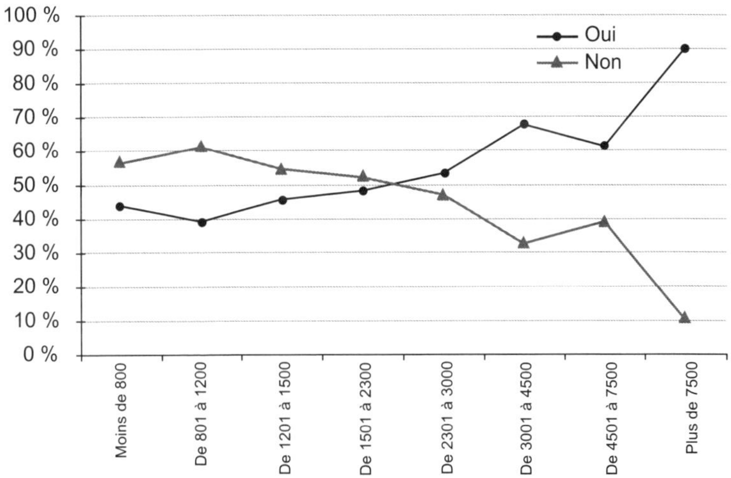

Sources : Données d'enquête du projet RAPFI.

La césure « France d'en haut, France d'en bas » se confirme à l'examen des différents indicateurs. Reste cependant à explorer les raisons pour lesquelles cette césure est associée à des attitudes différenciées vis-à-vis du référendum. Au-delà de l'aspect descriptif, comment s'explique la logique sociale des votes ?

Anxiété sociale = protestation référendaire ?

La logique sociale des votes s'éclaire, lorsque sont pris en compte les niveaux relatifs d'anxiété sociale. En effet, l'anxiété sociale peut être liée au risque de chômage perçu ou à l'évolution anticipée du niveau de vie. Avec ces deux dimensions de l'insécurité sociale, nous avons construit une échelle d'anxiété sociale à trois modalités.

Il apparaît que l'anxiété sociale varie significativement selon les indicateurs précédemment utilisés de positionnement social. L'anxiété sociale est maximale chez les ouvriers (49 % sont très inquiets) et les employés (39 %), minimale chez les professions intermédiaires et cadres. Elle est maximale également chez les faibles revenus et regroupe toujours plus de 43 % des répondants. Chez ceux qui perçoivent moins de 2 300 euros de revenus par mois, le niveau maximal d'anxiété apparaît majoritaire. Enfin, le sentiment d'insécurité sociale est également maximum chez les moins diplômés.

De plus, il existe une association forte entre les niveaux d'anxiété sociale et les intentions de vote (tableau 14). Le niveau du oui croît à mesure que l'anxiété sociale régresse. Qui plus est, l'effet de l'anxiété sociale durant la campagne a été croissant. En effet, entre mi-avril et mi-mai, le non est de dix points supérieurs parmi ceux au plus fort potentiel anxiogène et atteint 74 %. Au niveau moyen, il progresse de six points pour égaler la proportion de oui. Ainsi, en tendance, la campagne n'a pas calmé les angoisses sociales, ni convaincu de la déconnexion entre Constitution européenne et enjeux sociaux. Les arguments en faveur du non ont été de plus en plus efficaces pendant la campagne référendaire pour répondre au sentiment d'insécurité des Français. À défaut d'être en soi le facteur déterminant, l'anxiété sociale est une composante indiscutable de la victoire du non au référendum. Pour les personnes en insécurité sociale, l'Europe devient dans cette hypothèse une inconnue de plus dans leur avenir. L'anxiété sociale prédispose alors davantage au refus, qui plus est si l'Europe est perçue comme une menace.

Par conséquent, une logique sociale est bien à l'œuvre derrière les comportements référendaires. Le principe actif en est l'insécurité sociale. D'ailleurs, lorsque les facteurs sociaux et l'échelle d'insécurité sociale sont

Tableau 14 : Intentions de vote selon le niveau d'anxiété sociale (pourcentages en ligne)

	Enquête mi-avril 2005		Enquête mi-mai 2005		Évolution
	Oui	Non	Oui	Non	Non
Anxiété sociale +	3	64	26	74	+ 10
Anxiété sociale moyenne	56	44	50	50	+ 6
Anxiété sociale -	67	3	69	31	- 2

testés pour expliquer les comportements référendaires, la quasitotalité des variables socio-démographiques perdent toute signification statistique, alors que l'impact de l'insécurité sociale reste significatif. Ainsi, c'est l'exposition variable des différentes catégories sociales aux risques conjoints de chômage et de baisse du niveau de vie (ou tout du moins la perception différenciée de ces risques) qui influe sur les comportements référendaires[22].

Les griefs contre la Constitution européenne

Sur quels points du projet de Constitution européenne, les opinions se sont-elles divisées ? Dans quelle mesure l'évaluation de la Constitution européenne a-t-elle structuré les comportements référendaires ? Qu'est-ce qui a été reproché au Traité constitutionnel et qui explique son rejet ?

22. La surreprésentation du oui dans les départements de tradition catholique (cf. Daniel Boy et Jean Chiche, « Les structures politiques et sociales du vote non », dans Annie Laurent et Nicolas Sauger (dir.), « Le Référendum de ratification du Traité constitutionnel européen : comprendre le non français », Cahiers du Cevipof, *42, 2005, p. 92-109), peut être également liée au niveau d'anxiété sociale. En effet, la pratique religieuse a un impact sur le niveau d'anxiété sociale. Récemment, plusieurs chercheurs ont émis l'hypothèse que la pratique religieuse allait de pair avec une demande moins forte d'État providence, compte tenu d'un moins grand sentiment d'insécurité (Pippa Norris et Ronald Inglehart,* Sacred and Secular : Religion and Politics Worldwide, *Cambridge, Cambridge University Press, 2004, 329 p.). Une telle relation apparaît également entre l'insécurité sociale telle que nous l'avons appréhendée et la pratique religieuse. Les personnes « sans religion » et peu pratiquantes sont un peu plus d'un tiers à se situer à l'échelon minimum d'anxiété sociale, quand ceux qui pratiquent au moins une fois par mois sont 43 % à se situer au niveau d'anxiété minimale.*

Démocratie et laïcité dans l'Union européenne

Présentée par les partisans du oui comme un progrès démocratique, la Constitution européenne a-t-elle échoué à cause de la complexité des circuits de décision au niveau européen ? Le fait que la Constitution accorde plus de pouvoirs aux citoyens et au Parlement européen a été durant toute la campagne majoritairement reconnu (plus de 62 %), les tenants du non représentant d'ailleurs plus du tiers de ceux reconnaissant ses avancées en termes de démocratie (*cf.* tableau 15). Plus de 40 % des partisans du non expriment leur accord sur le fait que la Constitution européenne constitue un progrès démocratique ! Manifestement, ce n'est pas sur cet aspect de la Constitution que le non s'est cristallisé et que l'élection s'est jouée. Paradoxalement, la campagne des partisans du oui s'est concentrée sur cet aspect de la Constitution européenne, alors que celui-ci n'était pas décisif pour le référendum.

Tableau 15 : Intentions de vote et opinion sur les apports du Traité constitutionnel en termes de démocratie pour l'Europe (pourcentages en colonne)

Avec la Constitution européenne, les citoyens et le Parlement européen auront plus de pouvoir	Oui	Non
Accord	86	41
Désaccord	14	59

Après les tensions, les laborieuses négociations, puis le compromis sur la qualification de l'héritage religieux ou chrétien dans le préambule de la Constitution, la laïcité a fait partie des arguments de campagne de certains partisans du non en France. Avec quelle efficacité ? Plus de 80 % des personnes interrogées refusent de voir dans la Constitution une menace pour la laïcité en France. La majorité des partisans du non est du même avis. La laïcité n'est pas non plus l'enjeu principal sur lequel se construit le non.

La place de l'Europe dans le monde

La place de l'Europe dans le monde a également fait l'objet de débats. Pour Laurent Fabius, par exemple, la Constitution européenne ne règle pas les problèmes de décision consécutifs à un élargissement de l'Europe qui a précédé un approfondissement de celle-ci. Des modalités inadaptées de décision priveraient l'Europe de sa capacité d'action. D'autres arguent d'un alignement sur l'Otan pour prédire sa paralysie face aux États-Unis et son recul sur la scène internationale. Les partisans du Traité constitutionnel ont au contraire plaidé avec force pour que le changement des procédures de décision et les modifications institutionnelles engendrent un renforcement des capacités d'action de l'Europe. Qu'en pensent les électeurs ? Près des trois quarts des interrogés reconnaissent que « la Constitution européenne permettra à l'Europe d'être plus forte et plus écoutée dans le monde ». Les partisans du oui en désaccord sur cette question sont en nombre marginal alors que les tenants du non se divisent sur cette question. Une nouvelle fois, cette dimension du Traité constitutionnel et du débat public ne semble pas structurer les intentions de vote sur le référendum.

La question sociale

Y a-t-il un aspect du Traité constitutionnel sur lequel s'est fondé le clivage référendaire et en particulier l'opposition à la Constitution européenne ? À la lecture du tableau 16, il semble que le clivage sur l'appréciation de la garantie des droits sociaux par la Constitution soit celui-ci. La césure est marquée entre tenants du oui et du non sur cette question. Les droits sociaux sont majoritairement considérés comme non garantis dans nos deux vagues d'interrogation. Et entre les deux études, le clivage sur cet enjeu ainsi que ses effets perdurent. À la mi-mai, plus de 80 % de ceux qui pensent que la Constitution garantit les droits sociaux votent oui, 80 % des personnes en désaccord votent non. L'apport au camp du oui des personnes critiques sur la garantie des droits sociaux diminue durant la campagne (de 28,5 % à 20,5 %) en même temps que les intentions de vote en faveur du non et l'impression que les droits sociaux ne sont pas garantis sont de plus en plus étroitement associées. Les camps du oui et du non sont à 80 % composés de personnes respectivement en accord et en désaccord avec la garantie des droits sociaux par la Constitution européenne. Pour ce qui concerne l'évaluation de la Constitution européenne, seule la question sociale semble donc liée de manière significative et systématique au comportement référendaire. Cependant, des anticipations stratégiques ont pu brouiller les relations entre évaluation de la Constitution et comportement référendaire.

Tableau 16 : Intentions de vote et opinion sur les apports du Traité constitutionnel en termes de garantie des droits sociaux (pourcentages en colonne)

	Enquête mi-avril 2005		Enquête mi-mai 2005	
Avec la constitution européenne, les droits sociaux des citoyens européens sont garantis	Oui	Non	Oui	Non
Accord	72	18	79	17
Désaccord	28	82	21	83

Quelles perceptions des conséquences du refus de la Constitution européenne ?

Comment les personnes interrogées anticipent-elles les conséquences d'un éventuel non de la France à la Constitution européenne ? Au-delà du texte et de son évaluation, l'anticipation des scénarios de l'après-référendum a-t-elle influé sur les comportements référendaires ? Lorsqu'« une autre Europe, moins libérale » est attendue, suite à un refus de la Constitution, le vote non atteint plus de 60 % des voix. Remarquons néanmoins qu'une proportion non négligeable de répondants n'attend pas du refus de la Constitution européenne une réorientation de la construction européenne. Par conséquent, une minorité d'opposants n'attachent pas au refus du Traité constitutionnel une quelconque dimension constructive, soit parce que c'est la construction européenne en elle-même qui est combattue soit parce que pour eux, quel que soit le résultat du scrutin, le pessimisme sur l'avenir de l'Europe l'emporte. À l'inverse, près d'un tiers des partisans du oui expriment leur accord avec l'idée d'un nouveau départ de l'Europe avec le refus de la Constitution européenne. Majoritairement de gauche, pourquoi inclinent-ils alors pour le oui ? Est-ce en rapport avec la place de la France en cas de victoire du non en France ? En effet, à près de 80 %, ils craignent un isolement de la France en Europe en cas de refus de la Constitution européenne. Cette position n'est pas rare quand l'intention de vote est oui (85 %). À l'inverse, ils ne sont que 26 % à penser que la France serait isolée en Europe en refusant la Constitution, lorsque l'intention de vote est non. De manière convergente, les trois quarts de ceux qui pensent que la France serait isolée votent oui, alors que les trois quarts de ceux qui pensent qu'elle ne le serait pas votent non. Manifestement, les évaluations des conséquences d'un refus français de la Constitution européenne sont fortement divergentes et étroitement associées aux intentions de vote. Ainsi, au terme de la campagne, ces évaluations soutiennent les attitudes référendaires plutôt qu'elles ne les troublent. Cependant, en termes dynamiques, si la relation entre anticipations des conséquences du refus de la Constitution et intentions de vote est invariante, la croyance en un « plan B », reconnu par Jacques Delors au milieu de la période, a gagné presque dix points en un mois, ce qui correspond à peu près à la baisse des indécis durant cette période. Dans le même sens, ceux qui pensent que la France ne serait pas isolée en Europe progressent fortement entre mi-avril et mi-mai.

Le référendum sur la Constitution européenne a-t-il bien eu lieu ? Sur une dimension de l'enjeu, la question sociale, le référendum a bien eu lieu. Les autres dimensions de l'enjeu ne sont pas saillantes et peu clivantes. Par contre, les attitudes référendaires sont structurées autour de cette dimension sociale. En cela, la logique sociale et la logique spécifique à la question référendaire se rejoignent. L'importance précédemment évoquée du niveau d'anxiété sociale induit d'une part une sensibilité forte à la dimension sociale du Traité constitutionnel, d'autre part des positions différenciées sur cet enjeu. Les plus anxieux constituent le groupe le plus important des personnes en désaccord avec le fait que les droits sociaux soient garantis avec la Constitution européenne. 71 % des répondants caractérisés par un niveau d'anxiété maximum ne considèrent pas les droits sociaux garantis. En comparaison, lorsque le niveau d'anxiété est moyen, 53 % expriment leur désaccord sur les droits sociaux et seulement 39 % quand l'anxiété est minimale. À l'inverse, le groupe le plus important en accord avec la garantie des droits sociaux dans le Traité constitutionnel est celui des moins anxieux. Pour compléter notre analyse et comprendre le résultat du référendum sur le Traité constitutionnel européen, l'impasse ne peut être faite sur les attitudes vis-à-vis de la construction européenne elle-même, au-delà de la question de la Constitution européenne stricto sensu. Comment le sentiment d'insécurité sociale et l'évaluation du versant social de la Constitution s'articulent-ils avec le bilan de l'Europe et la perception de son avenir ?

Satisfaction sur le bilan et peur du lendemain

Quel paradoxe, en effet, que le contraste entre la satisfaction majoritaire sur le bilan de l'Europe et les peurs massives que suscite l'Union européenne pour l'avenir. Cette configuration pour le moins caractéristique recèle des conséquences particulièrement structurantes en ce qui concerne le référendum du 29 mai.

L'attachement à l'Europe et son bilan

Plus de 65 % des Français interrogés se déclaraient en avril et mai 2005 très ou assez attachés à la construction européenne. Abordée de cette manière, l'europhobie semble assez clairement minoritaire en France. Les résultats sont peu différents si l'indicateur de l'europhilie est basé sur les sentiments provoqués par l'abandon de l'Union européenne. 59 % des personnes interrogées regretteraient une telle hypothèse, 25 % seraient indifférents et 16 % seraient soulagés[23].

L'attachement à l'Europe a cependant des limites. Le soutien à l'Europe est en effet plus nuancé, lorsque sont mis en balance souveraineté nationale et renforcement de l'Europe. Pour faire face efficacement aux grands problèmes des années à venir, le maintien de la souveraineté nationale est à 60 % préféré au renforcement des pouvoirs de décision de l'Europe. Par conséquent, la dimension nationale reste prégnante dans l'opinion, même si celle-ci ne s'oppose pas simplement à la dimension européenne.

À partir de ces questions, il a été possible de construire une échelle d'euroscepticisme[24]. L'analyse des attitudes vis-à-vis de l'Europe selon le

23. Soulignons d'ailleurs la cohérence de ces indicateurs. Attachement à la construction européenne et regrets liés à un retrait de la France de l'UE sont étroitement associés.
24. L'alpha de Cronbach est de 0.66.

positionnement politique recèle alors une surprise (*cf.* tableau 17). En effet, c'est à droite que la proportion de personnes se situant au niveau maximum de l'échelle est la plus faible (18 %). Qui plus est, la moitié des sympathisants de droite sont au niveau minimum d'opposition à l'Union européenne. Un cinquième des sympathisants de gauche est parmi les plus europhobes. Apparaît ainsi nettement l'existence d'une gauche europhobe, comparativement un peu plus importante qu'à droite. Or, classiquement, c'est à droite que le souverainisme semblait le mieux implanté. Manifestement, une évolution notable s'est opérée. L'europhobie reste cependant maximale chez les non-alignés (35 %), et est substantiellement plus importante qu'à droite ou à gauche. Ce groupe est le seul dans lequel les plus europhiles sont les moins nombreux.

Tableau 17 : Niveau d'euroscepticisme selon l'orientation politique (pourcentages en colonne)

	Ni à gauche ni à droite	Gauche	Droite
Niveau minimum	30	42	53
Niveau moyen	35	36	29
Niveau maximum	35	22	18

Malgré tout, l'attachement à l'Europe est l'attitude la plus fréquente. Par conséquent, le résultat du référendum n'est pas simplement le produit du basculement des Français dans l'euroscepticisme. Mais l'attachement à l'Europe et les intentions de vote varient de manière concomitante. Ainsi, sur l'échelle d'euroscepticisme, ceux qui soutiennent la construction européenne votent oui à plus de 75 % quand ceux qui s'y opposent le plus votent non à 95 %. Cependant, ces derniers ne représentent qu'à peine la moitié des intentions de vote en faveur du non. Si l'europhobie constitue le socle du non, ce dernier ne s'y limite pas. Son succès tient à l'agrégation autour du non d'autres composantes de l'électorat, notamment, une fraction non négligeable d'europhiles. En effet, un cinquième de l'opposition à la Constitution européenne est le fait de personnes qui soutiennent le plus la construction européenne. Par conséquent, selon quelles lignes de clivage ces personnes inclinent-elles pour le non ? Est-ce le bilan de l'Europe qui motive le rejet de la Constitution européenne ?

Le bilan de l'Europe est en fait loin d'être négatif de l'aveu même des Français interrogés. Cette approbation du bilan de l'Europe apparaît même massive. Ainsi, même la confiance dans les institutions européennes pourtant si décriées est majoritaire (55 %). Le référendum ne sanctionne donc pas la bureaucratie excessive et l'irresponsabilité de la Commission européenne ou l'impuissance du Parlement européen.

Cependant, le bilan de l'Europe en général pourrait être positif, mais serait en mesure d'être différencié de son incidence sur la France. Or c'est ce dernier aspect qui pourrait être décisif, au final, pour l'électorat. Mais il n'en est rien. D'un point de vue égoïste ou national, l'une des dimensions importantes du bilan de l'Europe a trait au bénéfice qu'en a tiré la France. Or les deux tiers de répondants estiment que la France a bénéficié de son appartenance à l'Union européenne.

L'attachement à l'Europe en France est par conséquent compréhensible et ne semble pas simplement résulter d'une volonté de dissimuler une europhobie politiquement ou socialement incorrecte. L'attachement à l'Europe dépasse en outre la simple adhésion idéelle ou symbolique pour reposer sur une base objective des résultats matériels et des institutions. Manifestement, le non au référendum n'est pas une simple censure antieuropéenne traduisant une europhobie dominante et un bilan négatif de l'Europe, de ses institutions et de ses conséquences pour la France. Il est significatif de ce point de vue que si plus de 80 % des Français interrogés estimant que la France n'a pas bénéficié de son appartenance à l'Union européenne inclinent pour le non, pratiquement la moitié des partisans du non pensent que la France a bénéficié de son appartenance à l'UE. Pourquoi voter non si le bilan de l'Europe est bon et l'attachement à celle-ci majoritaire ? Comment les peurs de l'Europe et les attitudes vis-à-vis de l'élargissement s'articulent-elles avec l'attachement à cette dernière ?

Les peurs de la construction européenne et leurs effets

Le fondement concret du soutien à l'Europe parmi les Français peut également constituer une faiblesse, si les anticipations des gains escomptés deviennent négatives. Les comportements de vote peuvent s'appuyer en effet autant sur une appréciation prospective que rétrospective. Dans cette perspective, ce serait le futur perçu qui gouvernerait les comportements référendaires du présent. Or force est de constater que la construction européenne génère des peurs nombreuses, différenciées et parfois massives quant à ses conséquences.

Tableau 18 : Les peurs suscitées par la construction européenne (pourcentages de réponses positives dans l'échantillon)

	Peur
La France paie pour les autres	56
Perte de notre identité et de notre culture	48
Rôle moins important de la France dans le monde	33
Plus d'immigrés	49
Moins de protection sociale	69
Plus de chômage	78

Les résultats présentés dans le tableau 18 attestent du niveau élevé des peurs associées à l'Europe. Seul le rôle moins important de la France dans le monde est nettement minoritaire. Pour le reste, au minimum près de la moitié des Français interrogés estiment que la construction européenne aura des conséquences négatives. En particulier, en ce qui concerne les bénéfices concrets de l'Europe pour la France, l'équilibre s'inverse entre le bilan et les anticipations : 56 % des répondants craignent que la France paie pour les autres. Les autres peurs nationales comme la perte de notre identité et de notre culture ou l'augmentation du nombre d'immigrés polarisent en deux moitiés presque égales les Français interrogés. Mais les peurs sociales apparaissent prévalentes. Respectivement 78 % et 69 % des répondants ont peur que la construction européenne entraîne plus de chômage en France et moins de protection sociale ! Le contraste entre appréciation rétrospective et prospective est flagrant. En quoi celui-ci est-il fondamental ? Quels effets les peurs européennes ont-elles sur les comportements référendaires ?

Une échelle[25] des peurs européennes graduée (de 0 à 6) a été construite permettant d'apprécier la variation des intentions de vote suivant

25. *L'alpha de Cronbach est de 0.72.*

le niveau de peur. Le graphique ci-dessous met en évidence l'impact manifeste du niveau de peur sur les intentions de vote.

Graphique 10 : Intentions de vote selon nombre des craintes exprimées par rapport aux conséquences de la construction européenne

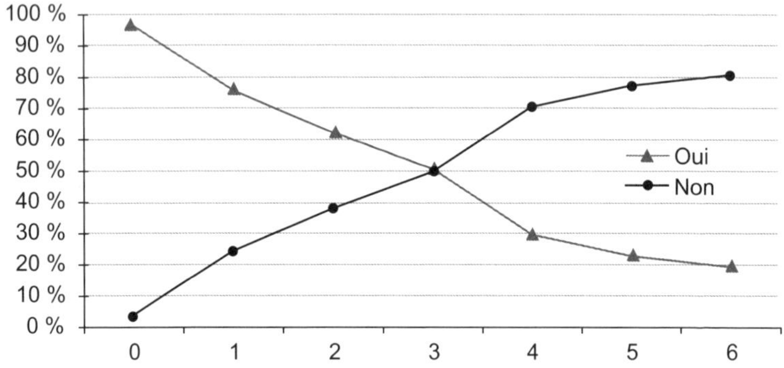

Sources : Données d'enquête du projet RAPFI.

Cependant, toutes les peurs ne se valent pas. Elles ne sont pas comparables dans leur registre et dans leurs effets. Schématiquement, deux types de peurs peuvent être distingués. Le premier, qui ressort du registre de la souveraineté et de l'identité nationales (« peurs nationales »), rassemble des peurs comme celles liées à la question de l'immigration, de l'identité et de la culture, du rôle de la France dans le monde et de la contribution financière de la France à l'Europe. Le second type de peurs peut être qualifié de social. Il est focalisé sur les conséquences nationales sur le terrain social de la construction européenne, avec les questions du chômage et de la protection sociale.

De manière convergente avec les polémiques sur la directive Bolkestein et les délocalisations, l'importance précédemment soulignée de l'évaluation sociale de la Constitution européenne est parfaitement compréhensible, compte tenu du niveau des peurs sociales par rapport à l'Europe. Dans cette perspective, la question des garanties des droits sociaux dans la Constitution constitue une dimension complémentaire dans l'appréhension prospective des conséquences sociales de la construction européenne. Par conséquent, nous l'avons intégrée dans l'échelle des peurs sociales[26]. Se forme ainsi un ensemble cohérent comprenant insécurité sociale et peurs sociales. Si les peurs sociales de l'Europe concernent une fraction importante des moins anxieux, le niveau d'insécurité sociale est significativement lié aux peurs de l'Europe et plus particulièrement aux peurs sociales de l'Europe. Ainsi, aux deux extrêmes des dimensions de l'insécurité sociale et des peurs sociales, l'association est forte. Plus de la moitié des plus anxieux socialement sont au niveau maximum des peurs sociales de l'Europe et plus de la moitié de ces derniers appartiennent au niveau maximum d'insécurité sociale. L'importance des peurs sociales (et nationales) apparaît dans le tableau 19. L'effet sur les intentions de vote est pour le moins spectaculaire. Lorsque le niveau des peurs sociales est au minimum, moins de 10 % de l'échantillon vote oui. Lorsqu'elles sont maximales, la proportion du non atteint 87 %. Qui plus est, 70 % des intentions de vote non proviennent des personnes se situant au niveau maximum des peurs sociales. Être au niveau minimum de peur sociale est associé à 91 % de oui et compte pour 60 % de l'ensemble des votes oui.

Tableau 19 : Intentions de vote en faveur du non selon le niveau des peurs (pourcentages des répondants ayant exprimé une intention de vote)

	Échelles des...	
	« peurs sociales »	« peurs nationales »
Niveau maximum	87	74
Niveau moyen	44	55
Niveau minimum	9	30

Les peurs nationales[27] de l'Europe ressortent quant à elle plus classiquement de la dimension souverainiste. Elles permettent d'appréhender l'impact d'un registre différencié de craintes associées à l'Europe. Elles sont significativement liées à l'insécurité sociale mais de manière moins étroite. L'effet sur les intentions de vote des différents niveaux de peur

26. L'alpha de Cronbach est de 0.52.
27. L'alpha de Cronbach est de 0.67.

est cependant manifeste. Au niveau maximum des peurs nationales, 74 % des Français interrogés se prononcent pour le non – ce qui représente la moitié de l'opposition à la Constitution – quand au niveau minimal, 70 % inclinent pour le oui (deux tiers des soutiens à la Constitution). Néanmoins, il apparaît que subsiste un niveau substantiel de vote en faveur du non (30 %) associé au niveau le plus faible de peurs nationales. De ce point de vue, les peurs nationales semblent moins prédictives que les peurs sociales du comportement référendaire. Il est probable que les deux types de peur soient en réalité des facteurs complémentaires.

Par ailleurs, il est probable que les peurs affectent de manière différente les électorats. Les orientations politiques agissent en effet comme des filtres ou des médiateurs et traduisent différemment l'insécurité sociale. Qui plus est, les différentes orientations politiques, compte tenu de leur pénétration variable dans les différentes catégories socioprofessionnelles, sont associées à des niveaux d'anxiété sociale contrastés (*cf.* tableau 20).

Tableau 20 : Niveaux d'anxiété sociale selon le positionnement sur l'échelle gauche-droite (pourcentages en ligne)

	Niveau minimum	Niveau moyen	Niveau maximum
Ni gauche ni droite	33	26	41
Gauche	32	30	38
Droite	46	29	25

À droite, les Français interrogés se caractérisent comparativement par un faible niveau d'anxiété sociale. Près de la moitié des Français interrogés se déclarant de droite se situe au niveau minimum d'insécurité sociale et un quart au niveau maximum. Cela va de pair avec des peurs sociales limitées (46 % au niveau le plus bas). Les peurs nationales sont prévalentes avec un tiers des répondants de droite au niveau maximum, et apparaissent comparativement à un niveau intermédiaire, entre celui de la gauche et celui des non-alignés. Or ce sont ces dernières peurs qui sont les plus fortement associées avec le vote non. 60 % des partisans de droite du non sont au niveau maximum des peurs nationales. Si les peurs nationales prévalent, les deux peurs sont cependant corrélées (avec une intensité de .466) pour les sympathisants de droite. Cela explique le niveau assez élevé atteint par les peurs sociales parmi les intentions de vote non.

À gauche, le fort niveau d'anxiété sociale (un tiers seulement au niveau minimum) produit un fort niveau de peur sociale. La moitié des répondants de gauche sont rassemblés au niveau maximum de peur sociale. En revanche, l'insécurité sociale n'induit pas un fort niveau de peurs nationales. C'est à gauche que les peurs sociales et nationales sont les moins étroitement associées (corrélation de .35). Ainsi, les personnes au niveau maximum de l'échelle de peurs sociales sont les plus nombreuses (40 %) à l'échelon minimum des peurs nationales, et 57 % des Français de gauche interrogés se placent au niveau minimum des peurs nationales. Logiquement, le niveau maximum de peur sociale compte 71 % des partisans de gauche du non soit le double de ceux situés au niveau maximum de peur nationale (35 %).

L'anxiété sociale atteint son pic parmi les ni à droite ni à gauche (41 % au niveau maximum), et entraîne à la fois un haut niveau de peurs sociale et nationale avec respectivement 45 % et 43 % au niveau maximum des deux échelles. Ces peurs ne caractérisent pas deux groupes distincts parmi les « ni droite ni gauche ». L'association entre peurs nationales et peurs sociales est en effet la plus étroite pour cette orientation politique. Le niveau de corrélation atteint un niveau particulièrement élevé (.506) parmi eux. Pour six personnes sur dix, lorsque l'on est au niveau maximum dans l'une des échelles de peurs, on l'est également sur l'autre. Les deux peurs sont fortement associées au vote non. Ainsi, 72 % et 60 % des partisans du non se positionnant ni à droite ni à gauche sont au sommet de l'échelle des peurs sociales et nationales.

Ainsi, la traduction de l'insécurité sociale en jugement prospectif semble être idéologiquement informée. Et c'est parmi ceux qui se retrouvent le moins bien dans la structuration traditionnelle de l'espace politique français que l'effet de l'anxiété sur l'évaluation prospective de l'Europe est le plus puissant, affectant de plus conjointement dimension nationale et sociale. Un tel phénomène permet de comprendre pourquoi lors du référendum, les différentes orientations politiques ont pesé différemment sur le scrutin et selon quelles logiques. Cela met en lumière également pourquoi les non-alignés ont constitué le soutien le plus important au refus de la Constitution européenne.

Ce retournement de l'opinion sur les bénéfices pour la France de l'Europe a pris place dans une nouvelle phase d'élargissement de l'Union européenne. Quels rôles ont pu jouer les élargissements passés et futurs dans la décision de vote au référendum ?

De l'élargissement à la Turquie : les incertitudes sur le projet européen

La campagne pour le référendum sur le Traité constitutionnel succède chronologiquement au processus d'élargissement de l'Europe à dix nouveaux pays. Mais elle précède également une nouvelle phase d'élargissement qui comprend notamment deux volets.

D'une part, l'adhésion de la Bulgarie et de la Roumanie à l'échéance de 2007 à l'Union européenne est annoncée, ce qui donne l'occasion à certains acteurs de dénoncer la fuite en avant de l'Europe. Cependant, en mai 2005, une majorité de Français interrogés (54 %) est, sur le principe, plutôt ou tout à fait favorable à l'adhésion de la Roumanie quand 42 % des partisans du non soutiennent cette candidature. Ainsi, l'élargissement à l'Est ne clive pas de manière décisive les comportements référendaires.

D'autre part, la candidature de la Turquie à l'entrée dans l'Union européenne revient également avec force sur le devant de la scène. Elle constitue un point de cristallisation autour du « destin européen ». Fin 2004, la question turque acquiert une visibilité médiatique forte, entretenue par les dissensions entre les différents acteurs politiques dans chacune des familles politiques. Ainsi, le président de l'UMP s'oppose frontalement sur cette question au président de la République. Dans cette même stratégie, François Bayrou dénonce l'entrée de la Turquie dans l'Union européenne. À gauche, Laurent Fabius mais aussi Robert Badinter pourfendent avec fougue cette même perspective dans un parti socialiste une nouvelle fois divisé. L'opinion publique apparaît, quant à elle, de manière stable, très majoritairement opposée à l'intégration de la Turquie (plus des deux tiers des personnes interrogées). Pour cette raison même, l'enjeu turc ne structure pas de manière déterminante les intentions de vote au référendum. En effet, si près des trois quarts des opposants au Traité constitutionnel s'opposent à l'adhésion turque, plus de 60 % des partisans de la Constitution européenne font de même. Ainsi, l'opposition à l'entrée de la Turquie est majoritaire tant parmi les oui que parmi les non.

Questionnés sur la taille de l'Europe, près d'un tiers des répondants considère que « l'Europe à vingt-cinq, c'est déjà trop » contre une moitié qui considère que « c'est à peu près ce qu'il faut ». En somme, l'élargissement passé n'est pas majoritairement remis en cause quand celui à venir suscite des sentiments contrastés. Nettement, l'opposition à l'Europe à vingt-cinq va de pair avec le non (80 %). Toutefois, plus du tiers des partisans du non (39 %) pense que l'Europe à vingt-cinq, « c'est à peu près ce qu'il faut[28] ».

L'attitude vis-à-vis de l'élargissement apparaît relativement cohérente avec les comportements référendaires. Les plus opposés à l'élargissement sont massivement (80 %) défavorables à la Constitution européenne, et constituent le groupe le plus important en son sein. À l'inverse, ceux qui soutiennent l'élargissement sont les plus favorables au oui et représentent plus d'un tiers des partisans du oui.

Après avoir détaillé le rôle joué par les différentes attitudes relatives à l'Europe, une analyse multivariée des différents facteurs s'impose pour conclure sur les sens du vote du 29 mai, le poids des facteurs et la pertinence des hypothèses concurrentes.

Conclusion

Après avoir successivement examiné les logiques politiques, sociales et européennes des comportements référendaires, l'articulation entre ces différentes explications doit être précisée pour restituer une intelligibilité globale au résultat du référendum du 29 mai.

En premier lieu, les peurs nationales sont étroitement associées à l'euroscepticisme et aux craintes de l'élargissement de l'Europe. Lorsque l'on analyse simultanément les contributions des positions sur les échelles de peurs sociales et nationales ainsi que d'opposition à l'Europe, les peurs nationales perdent toute signification au profit de l'opposition à l'Europe. Les peurs nationales dépeignaient la dimension souverainiste

28. Il est important de noter que les trois interrogations relèvent de la même dimension, et qu'il est possible de construire une échelle de l'opposition à l'élargissement européen répartie de la manière suivante : un quart des répondants soutient l'élargissement, 37 % sont partagés et 36 % opposés. Ces derniers sont surreprésentés parmi les non-alignés et à droite.

du rapport à l'Europe. Par conséquent, les attitudes vis-à-vis de l'Union européenne s'ordonnent autour du clivage europhile-europhobe sur une base avant tout de nature souverainiste. L'opposition à l'Union européenne est également fortement associée au refus de l'élargissement. Plus de la moitié de ceux qui sont à l'échelon d'opposition maximum sur l'une des échelles le sont également sur l'autre. Mais 20 % de ceux qui soutiennent l'Union européenne sont opposés à l'élargissement. Comment les intentions de vote sont-elles informées par ce phénomène ? Les attitudes vis-à-vis de l'élargissement ont-elles une influence une fois tenu compte des autres facteurs ?

Pour cela, il convient d'estimer, en second lieu, dans l'ensemble des variables mobilisées, celles qui prévalent. Pour estimer les effets de chacune des variables sur les comportements référendaires compte tenu des autres variables et de leurs effets, nous avons procédé à une analyse de régression multivariée avec les variables relevant des logiques politiques, sociales et européennes. Parmi les modèles d'analyse multivariée, la régression logistique apparaît être un instrument privilégié de l'analyse d'un choix dichotomique, comme l'a représenté le référendum du 29 mai. Le principe de ce type d'analyse est de comprendre l'impact d'un ensemble de variables sur les décisions de vote, le rôle de chacune de ces variables étant estimé en tenant les autres facteurs potentiellement explicatifs constants. Avant de présenter les résultats de cette analyse, nous reviendrons en quelques mots sur la démarche ayant permis d'aboutir à ces conclusions.

Le comportement à expliquer est ici une intention de vote[29]. Quatre blocs de variables explicatives ont été ensuite pris en considération : des variables sociodémographiques, des variables concernant valeurs et attitudes individuelles, des variables à proprement parler politiques, et enfin des variables concernant l'attitude envers l'Europe ainsi que l'opinion plus particulière sur le Traité constitutionnel européen[30]. Ces deux derniers blocs de variables découlent directement des résultats auxquels

29. Dans l'échantillon, le oui, minoritaire, recueille 48,9 % des intentions de vote. Par ailleurs, 28 % de l'échantillon n'a déclaré aucune intention de vote.
30. Beaucoup des variables prises en considération, notamment celles concernant les attitudes, sont elles-mêmes le résultat de la combinaison de plusieurs variables sous la forme d'échelle. La définition de ces différentes échelles peut être demandée directement aux auteurs.

les études des référendums sur l'intégration européenne ont pu aboutir, et qui ont été présentés précédemment. Les deux premiers blocs ont été pris en considération d'une part parce que l'attitude envers l'intégration européenne est en partie déterminée par une attitude plus générale, définie comme celle de l'anti-universalisme[31], d'autre part parce que celle-ci est également largement déterminée par les positions sociales[32]. L'essentiel des variables prises en considération jusqu'alors dans ce chapitre pouvait être ainsi intégré dans l'analyse.

Le tableau 21 offre le modèle final auquel a abouti l'analyse de ces différentes variables. Ce modèle permet une bonne compréhension des logiques de vote. Il permet d'expliquer plus de 80 % de la variance et plus de 92 % des observations sont bien classées. Trois principaux résultats en ressortent.

Tableau 21 : Un modèle d'explication du vote non lors du référendum du 29 mai (régression logistique)

	Coefficient b	Erreur type	Wald
Constante	6,776***	0,832	66,339
Évaluation de la qualité du TCE			**19,436**
Négative			
Indifférence	- 0,273	0,514	0.283
Positive	- 1,731***	0,522	10,977
Conséquence négative du refus du TCE pour la France			**42,040**
Pas du tout d'accord			
Plutôt pas d'accord	- 0,761*	0,451	2,852
Plutôt d'accord	- 2,248***	0,464	23,476
Tout à fait d'accord	- 2,858***	0,503	32,256

31. *Gérard Grunberg et Étienne Schweisguth, « Recompositions idéologiques », dans Daniel Boy et Nonna Mayer (dir.),* L'Électeur a ses raisons, *Paris, Presses de Sciences Po, 1997, p. 139-178.*
32. *Matthew Gabel, « Public Support for European Integration : an Empirical Test of Five Theories »,* Journal of Politics, *60 (2), 1998, p. 333-354.*

Attitude vis-à-vis de l'Europe			**17,711**
Opposé			
Indifférent	- 1,966***	0,564	12,129
Favorable	- 2,397***	0,570	17,691
Opinion par rapport à l'élargissement de l'UE			**13,617**
Opposé			
Indifférent	- 1,563***	0,435	12,888
Favorable	- 1,365**	0,468	8,502
Opinion sur l'action du président de la République			**7,578**
Très négative			
Plutôt négative	- 0,681	0,508	1,795
Très ou plutôt positive	- 1,362**	0,520	6,858
Proximité partisane			**12,484**
Droite modérée			
Extrême gauche	- 0,397	0,675	0,345
Gauche modérée	- 0,607	0,434	1,958
Extrême droite	3,182***	1,953	11,154
Aucune	1,264	0,735	2,955
Peurs sociales		**25,215**	**.000**
Niveau maximal			
Niveau moyen	- 1,437***	0,403	12,725
Niveau minimal	- 2,242***	0,456	24,149

Note : * Significatif à 0,1 ; ** Significatif à 0,05 ; *** Significatif à 0,01.

[a] Les premières modalités sont considérées comme les modalités de références.

R^2 de Nagelkerke : 0,813 et 92,2 % des cas sont bien classés.

N = 589.

Le premier résultat auquel aboutit cette analyse de régression est la confirmation de l'importance, bien que secondaire, des deux facteurs que sont l'évaluation de l'exécutif et la proximité partisane. Avoir une opinion positive de Jacques Chirac va de pair avec de fortes chances de voter oui. De même que se sentir d'un parti de la droite modérée (UMP ou UDF) accroît très significativement les chances de voter oui. On peut remarquer également que la proximité avec le parti socialiste (modalité gauche modérée) ou même avec l'extrême gauche ne conduit pas à une probabilité accrue de vote non[33]. Cela s'explique pour partie par la prégnance des autres facteurs (peur sociale de l'Europe et attitude vis-à-vis de l'Europe en particulier) parmi ces groupes.

Ensuite, les résultats de cette analyse peuvent être interprétés par les absences qu'ils donnent à voir indirectement. Aucune des variables sociodémographiques n'apparaît tout d'abord réellement significative pour comprendre les comportements de vote[34]. Si plusieurs modalités ont une certaine importance (les cadres, les catholiques, les plus hauts revenus, les plus âgés notamment votent oui plus souvent), celles-ci ne sont pas pertinentes pour produire un modèle explicatif satisfaisant. De même, les positions sur des échelles de libéralisme ou d'autoritarisme sont liées aux décisions de vote, mais de manière trop distendue pour avoir un impact significatif sur la capacité d'explication.

Enfin, les attitudes à l'égard des enjeux européens sont clairement prévalentes dans les comportements référendaires. Les coefficients associés aux différentes modalités des variables européennes sont les plus élevés. La dimension européenne pèse donc fortement sur le vote, toutes choses égales par ailleurs.

Premièrement, les attitudes à l'égard de l'élargissement sont celles qui ont l'effet le plus limité sur le résultat du référendum : seuls ceux qui sont au niveau maximum d'opposition à l'élargissement ont une probabilité plus forte de voter non. Cette probabilité atteint 80 % contre moins de 40 % pour les autres.

33. Cette conclusion est valable dans le cadre d'une comparaison avec les sympathisants UMP ou avec ceux qui ne se sentent proches d'aucun parti.

34. Un modèle d'explication purement socio-démographique n'explique ainsi que moins de 15 % de la variance, et ne permet de classer correctement que moins de 60 % des cas (sachant qu'étant donné la variable dépendante, 50 % des cas peuvent être classés correctement en ne prenant en compte que la distribution de celle-ci).

En second lieu, l'évaluation du Traité constitutionnel européen[35] fait significativement varier la probabilité de voter non, quels que soient par ailleurs l'opinion sur le président de la République ou le niveau d'attachement à la construction européenne. Ainsi, l'évaluation du TCE en lui-même a affecté le résultat du référendum. Un individu ayant une opinion positive[36] des conséquences du Traité constitutionnel a 19 % de chances de voter non contre 95 % pour un individu estimant que ce traité n'aura pas les conséquences positives envisagées. Vote et opinion apparaissent de ce point de vue étroitement liés. La difficulté reste néanmoins de comprendre la relation de causalité entre ces deux ordres. On pourrait en effet objecter que l'intention de vote a elle-même un impact fort sur l'évaluation de l'enjeu du vote. Il s'agit là d'ailleurs d'une des difficultés récurrentes de l'analyse du vote en fonction des préférences de l'individu. Cette limite ne saurait toutefois affecter profondément le caractère robuste du modèle proposé. Si la variable d'évaluation du Traité constitutionnel est supprimée du modèle, aucun autre facteur explicatif n'émerge comme significatif, et l'ordre des autres facteurs n'est pas modifié.

En troisième lieu, les résultats confirment clairement l'importance primordiale du clivage pro/anti-européen et du niveau de peurs sociales de l'Europe dans les résultats du référendum. Ils rendent compte à leur manière de la nature contrastée du non français. Les attitudes à l'égard de l'Europe et les peurs sociales liées à l'intégration européenne informent de manière intense les intentions de vote. Plus le soutien à l'Europe décroît plus le vote non est probable, et plus les peurs sociales augmentent plus le vote non est probable. Mais, au-delà de l'effet indépendant, les deux facteurs ont clairement un effet cumulatif. De 6 % au niveau minimum, la probabilité de voter non est portée à 99 %, lorsque l'on se situe au niveau maximum des deux échelles.

Enfin, la question relative aux conséquences pour la France du refus de la Constitution européenne présente, quant à elle, des modalités

35. Trois questions prises en compte pour former cette échelle concernent l'effet de l'adoption du Traité constitutionnel sur la démocratie dans l'Union européenne, sur la laïcité, et sur le rôle de l'UE dans le monde.

36. Le caractère positif, indifférent ou négatif de ces évaluations est relatif à l'échantillon utilisé. Le codage en trois catégories de l'échelle utilisée a pris fortement en compte la contrainte d'effectifs comparables entre les différentes classes dégagées.

systématiquement associées, avec des coefficients significatifs, et qui plus est, de valeur clairement différente. L'impact sur les probabilités de vote est manifeste. Ceux qui sont « tout à fait d'accord » avec l'idée qu'« en refusant la Constitution européenne, la France s'isolerait du reste de l'Europe » ont une probabilité de voter non de 16 %, contre 32 %, lorsqu'ils sont « plutôt d'accord », 71 %, quand ils sont « plutôt pas d'accord », et 90 %, lorsqu'ils sont « pas du tout d'accord ». Ainsi, une fois contrôlés les différents facteurs sociaux, politiques et spécifiquement européens, les électeurs semblent s'être conduits de manière rationnelle ou stratégique en ajustant leur comportement avec leurs croyances ou anticipations quant aux conséquences des résultats du vote en France et leur appréciation de celles-ci. Ainsi, pour les plus eurosceptiques, l'isolement en Europe n'est pas en soi un problème et n'est pas appréhendé comme un coût dans la décision de vote. Par conséquent, quelles que soient les anticipations quant aux conséquences du refus de la Constitution sur la situation de la France en Europe et leur niveau de peurs sociales, les plus europhobes ont une propension de vote non supérieure à 75 %, à une exception près, et qui culmine à 100 %. En revanche, la configuration est différente, et les intentions de vote varient en fonction des peurs sociales, lorsque l'euroscepticisme est faible ou moyen. Plus particulièrement, lorsque le niveau de peurs sociales est maximum chez les plus europhiles, selon que l'on soit en désaccord ou non avec l'isolement de la France comme conséquence du non, la probabilité de s'opposer au traité tombe de plus de 75 % à, au maximum, 32 %. L'effet des anticipations divergentes sur les intentions de vote est d'ailleurs également perceptible, lorsque l'euroscepticisme est à un niveau moyen. Lorsque l'euroscepticisme est moyen ou faible, quel que soit le niveau des peurs sociales, moins les répondants sont convaincus d'un isolement de la France consécutivement au refus de la Constitution, plus la probabilité de voter non est élevée. Ce résultat nuance largement, à notre sens, l'hypothèse de l'importance de la dimension affective du vote référendaire.

Cependant, ces résultats n'invalident pas les logiques sociales décrites préalablement. Ils contredisent en revanche l'interprétation d'un simple mouvement d'humeur ou d'un vote exutoire des « Français d'en bas ». Ils précisent également ce qu'il faut entendre ou non par « nationalisation » du vote. Le caractère secondaire, mais néanmoins significatif, de l'impopularité de l'exécutif dans les déterminants du

Tableau 22 : Intentions de vote non selon le niveau d'euroscepticisme, de peurs sociales et l'anticipation des conséquences du refus de la Constitution pour la France (pourcentages des intentions de vote non parmi les personnes ayant exprimé une intention de vote)

		Le refus de la Constitution isolerait la France			
Euroscepticisme	Niveau des peurs sociales	Tout à fait d'accord	Plutôt d'accord	Plutôt pas d'accord	Pas du tout d'accord
Niveau minimum	Niveau minimum	3	5	12	51
	Niveau moyen	4	15	56	78
	Niveau maximum	27	32	77	94
Niveau moyen	Niveau minimum	2	13	28	59
	Niveau moyen	23	31	65	72
	Niveau maximum	67	74	90	96
Niveau maximum	Niveau minimum	--	55	--	81
	Niveau moyen	90	76	93	97
	Niveau maximum	96	97	99	100

vote exclut une interprétation d'un vote strictement franco-français. Mais la dimension nationale du scrutin tient, à un premier niveau, aux liens que les électeurs établissent entre la construction européenne et la situation nationale. Les peurs sociales de l'Europe se définissent par l'anticipation des conséquences sociales de l'Europe pour la France et les Français. La nationalisation du vote s'ancre à un second niveau dans le caractère spécifiquement anxiogène de la situation sociale française. L'appréhension des conséquences sociales de l'Europe prend sa source dans une situation économique nationale qui prédispose à un niveau élevé de sentiment d'insécurité sociale. Ainsi, le « vote de classe » s'organise autour d'une logique de l'insécurité sociale qui induit des peurs sociales de l'Europe. En ce sens, il y a une dimension indubitablement nationale du scrutin. Mais, le vote du 29 mai est bien un vote européen. Les motivations prépondérantes relèvent d'enjeux européens. Une proportion importante des électeurs lie les sources nationales de l'insécurité sociale à l'enjeu direct du référendum et plus largement à la construction européenne.

De même, nos résultats n'invalident pas la pertinence du clivage gauche-droite. Ils permettent au contraire d'appréhender précisément son effet. À gauche, l'impact des peurs sociales est plus fort que celui de l'opposition à l'Union européenne. En effet, du niveau minimum au niveau maximum, la probabilité de voter non, à gauche, varie respectivement de 81 et 60 points. La plus forte propension à voter non au niveau minimum de l'échelle d'opposition à l'Union européenne s'explique par un niveau élevé des peurs sociales et son effet. Cette configuration se retrouve également parmi les non-alignés. Mais pour ces derniers, les deux facteurs - peurs sociales et euroscepticisme - pèsent autant l'un que l'autre et fortement : 76 points de différence. À droite, à l'inverse, les deux facteurs pèsent autant l'un que l'autre mais plus faiblement. La propension à voter non ne s'élève au-dessus de 50 % que lorsque les répondants sont conjointement au moins au niveau maximum et moyen dans les deux échelles. Les effets différenciés de ces deux facteurs découlent de la représentation variable des CSP - et son corollaire, le niveau d'anxiété sociale - au sein de chacune des orientations politiques. Le niveau d'anxiété est faible à droite, ce qui induit un niveau de peur sociale de l'Europe faible. À gauche, en revanche, le niveau d'anxiété est fort, ce qui se traduit par un niveau de peurs sociales de l'Europe fort ainsi que par une opposition à l'Union européenne plus intense. Enfin, parmi les non-alignés, l'anxiété sociale très forte va de pair avec un niveau de peurs sociales et d'opposition à l'Europe élevé.

L'échec du référendum procède ainsi d'une accumulation de facteurs. Le facteur décisif est à trouver dans la convergence de l'euroscepticisme et des peurs sociales, sorte d'UE-scepticisme. L'euroscepticisme incite naturellement en 2005 comme en 1992 à voter non. Son importance et sa progression à gauche constituent cependant une véritable nouveauté, partiellement induite par le niveau de l'insécurité sociale et consécutivement des peurs sociales de l'Europe. Mais l'euroscepticisme n'est pas devenu majoritaire en France. Par conséquent, c'est ailleurs qu'il faut trouver l'explication. De ce point de vue, les peurs sociales n'ont pas qu'une influence indirecte. Elles ont aussi un impact direct sur les comportements référendaires. Les peurs sociales ont motivé la défection d'une proportion notable d'europhiles. Plus de 10 % des Français interrogés inclinaient pour le non, alors même qu'ils faisait partie des plus europhiles. Ce sont, à notre sens, ces derniers qui font pencher la balance de manière décisive. Ils viennent à près de 60 % de la gauche. La discrétion du FN et de son leader dans la campagne du non a, de ce point de vue, privé le camp du oui d'un repoussoir pour cette fraction de l'électorat. À l'inverse, pour ces derniers, cette fonction a été assumée, en faveur du non, par Nicolas Sarkozy et son soutien à la Constitution européenne sur une thématique ouvertement libérale. La coïncidence de la médiatisation du « plan B » et du oui libéral sarkozien a probablement définitivement consolidé l'alignement de cette fraction d'europhiles vers le non. Le référendum n'a pas été ainsi un simple exutoire des anxiétés franco-françaises. L'anxiété sociale en France a induit des attitudes spécifiques et cohérentes vis-à-vis de l'Europe et du Traité constitutionnel européen qui structurent fortement les comportements référendaires. Les électeurs ont bien répondu à une question européenne, et ce dans une logique prospective plus que rétrospective. Pour une partie de l'électorat, le non signifie être contre l'Europe, l'euroscepticisme classique. Pour une autre, la réponse négative fait référence à un UE-scepticisme relatif à l'absence d'Europe sociale et à ses conséquences ainsi qu'à un élargissement problématique de l'Europe. Et c'est le niveau et l'intensité de l'UE-scepticisme qui motive la défection, lors du référendum, d'une fraction marginale mais décisive de l'électorat de gauche.

Chapitre 4

UN RÉSULTAT EUROPÉEN

Ce quatrième et dernier chapitre se propose d'évaluer les conséquences du non français au Traité constitutionnel européen. Ces conséquences devront être évidemment formulées à titre d'hypothèses, faute de recul historique suffisant. Néanmoins, c'est en replaçant ce référendum dans son contexte historique plus large que des analyses solides pourront être proposées.

Du côté de l'Europe, les conséquences sont celles d'un maintien du *statu quo ex ante*, c'est-à-dire d'avant le rejet du Traité constitutionnel. Il s'agira donc avant tout d'examiner les conséquences institutionnelles et politiques de ce maintien du *statu quo* à la fois pour le processus d'intégration européenne et pour les États membres, dont tout particulièrement la France. Nous aborderons d'abord le contexte historique de manière un peu plus générale pour comprendre la place de la question de la réforme institutionnelle dans les débats sur l'avenir de l'Union européenne. Nous nous intéresserons ensuite aux conséquences de ce résultat sur l'efficacité des institutions européennes. La dernière partie conclura sur les conséquences pour le rôle de la France dans l'Union européenne.

La question des reliquats et le traité de Nice

À bien des égards, il peut apparaître qu'il est encore trop tôt pour dresser le bilan des conséquences du non français. Néanmoins, ce non a fait immédiatement ressentir ses premiers effets. Les gouvernements nationaux des différents pays européens ont immédiatement pris acte, avec regret, de la décision française. Mais la première décision importante est prise lors du Conseil européen de Bruxelles des 16 et 17 juin 2005, à peine deux semaines après les référendums français et néerlandais. Après deux semaines de spéculations et de débats sur l'attitude à adopter par les autres membres de l'Union européenne face aux résultats de ces référendums, le Conseil européen tranche en faveur d'une pause dans le processus de ratification. Il s'agit, dans son langage, d'une période de réflexion qui sera mise à profit pour permettre un large débat dans chacun de nos pays associant tant les citoyens, la société civile, les partenaires sociaux, les parlements nationaux, que les partis politiques[1].

Le Conseil décide alors de revenir sur le sujet seulement lors du Conseil européen du printemps 2006, pour tirer des conclusions plus approfondies des conséquences de ces deux référendums. Au-delà de cette première conséquence très visible, d'autres restent, pour l'heure, plus difficiles à évaluer. Plusieurs éléments saillants apparaissent néanmoins, d'abord sur le plan institutionnel.

Toute discussion sur les conséquences institutionnelles des non français et néerlandais doit – implicitement ou explicitement – se prononcer sur l'avenir du Traité constitutionnel. Il est sans doute trop tôt pour le déclarer mort. Dix pays l'ont déjà ratifié, et il représente le fruit de plusieurs années de négociation à la Convention puis à la conférence intergouvernementale qui a suivi. Cependant, il semble difficile de faire revoter les Français ou les Néerlandais sur le texte en l'état, sous peine d'obtenir de nouveau un résultat négatif[2]. La décision du 16 juin de mettre entre parenthèse le processus de ratification correspond à la reconnaissance d'une crise institutionnelle importante. L'après-29 mai se présente à ce titre surtout comme la gestion de la « mort » du traité. Et c'est de cette hypothèse que nous allons partir. Cela n'empêche pas que certains dispositifs du traité, éventuellement sous une forme amendée, reviennent dans le projet d'un futur traité. Cela

1. Déclaration des chefs d'État ou de gouvernement sur la ratification du Traité établissant une Constitution pour l'Union européenne, Conseil européen, Bruxelles, 16-17 juin 2005.

2. Il est vrai que le traité de Nice avait été soumis deux fois aux Irlandais pour ratification, sans changement aucun dans le texte d'un référendum à l'autre, mais en fournissant un certain nombre de garanties aux électeurs irlandais, notamment concernant le contrôle parlementaire en matière de politique européenne, ainsi qu'en obtenant une déclaration des partenaires européens assurant l'Irlande de sa « neutralité militaire » lors du Conseil européen de Séville de juin 2002. Voir Brigid Laffan, « Irlande et Europe : Continuité et changement. La présidence 2004 », Études et recherches, *30, décembre 2003, p. 23 et suiv.*

est même d'autant plus probable que la situation actuelle risque de poser des problèmes graves pour la gouvernance européenne, comme nous le verrons plus loin dans ce chapitre.

En l'absence du Traité constitutionnel, l'architecture institutionnelle de l'Union européenne sera celle régie par le traité de Nice, par ailleurs souvent décriée. Même si les partisans du oui ont sans doute exagéré la portée des réformes institutionnelles contenues dans le Traité constitutionnel, il est certain qu'elles représentaient une nette amélioration par rapport au traité de Nice.

Pour en apprécier la portée, il faut comprendre la logique assez problématique des « reliquats » qui s'était installée au moins depuis le traité d'Amsterdam de juin 1997. En quoi consiste-t-elle ? Dans un contexte de négociations de plus en plus difficiles et d'oppositions croissantes à l'intérieur du Conseil européen, les conférences intergouvernementales se sont avérées de plus en plus inefficaces pour résoudre les problèmes posés dont, notamment, celui de l'adaptation à une Europe alors à vingt-cinq, maintenant à vingt-sept et, à terme, peut-être à trente et un, d'institutions conçues pour six pays fondateurs[3]. Ainsi, les conseils d'Amsterdam et de Nice avaient chacun laissé sans solution bon nombre de problèmes liés à l'architecture institutionnelle après l'élargissement, prévoyant à chaque fois une conférence intergouvernementale ultérieure et un prochain traité, censés résoudre les problèmes sur lesquels aucun accord n'avait pu être dégagé. Il s'agissait là des « reliquats » (ou *leftovers*).

Ainsi, il faut rappeler que l'élargissement était devenu une demande pressante de plusieurs États d'Europe centrale peu après la chute du rideau de fer. Pour ces pays, l'Union représentait à la fois le moyen de précipiter la mise en place d'une économie de marché, de consolider la transition démocratique et, *last but not least*, de déclarer leur autonomie par rapport à la Russie. Les États membres de l'époque ont pris ce thème très au sérieux et ont rapidement fixé un agenda. Le Conseil européen de Copenhague de juin 1993 soumet ainsi l'adhésion d'un nouveau pays au respect de trois critères : « la mise en place d'institutions stables garantissant la démocratie, l'État de droit, les droits de l'homme, le

3. Sur ce point, voir la discussion par Nicolas Jabko, « Comment la France définit ses intérêts dans l'Union européenne », Revue française de science politique, *2005, 55 (2), p. 221-242.*

respect des minorités et leur protection » ; « une économie de marché viable ainsi que la capacité de faire face à la pression concurrentielle et aux forces du marché à l'intérieur de l'Union » ; « la capacité [...] [d']assumer les obligations [liées à l'adhésion à l'UE], et notamment de souscrire aux objectifs de l'union politique, économique et monétaire ».

Ces conditions sont au centre des processus de consolidations constitutionnelles qui sont alors en cours en Europe de l'Est, d'autant plus qu'une très grande majorité, sinon la quasitotalité, des anciens pays du bloc communiste aspirent à l'adhésion à l'Union européenne.

Or cette prise de conscience des élargissements à venir n'est pas accompagnée d'une détermination semblable pour les réformes de l'architecture institutionnelle. Le traité d'Amsterdam, en 1997, fait l'impasse sur la réforme institutionnelle, un accord s'étant avéré impossible. Le fait que la date effective de l'élargissement ne soit pas encore fixée à ce moment-là contribue sans doute à cet échec, même si celui-ci n'est pas alors ressenti comme tel. Le traité fixe en outre déjà un programme de réformes à venir en appelant à une nouvelle conférence intergouvernementale pour résoudre le problème des reliquats. Un protocole annexé au traité d'Amsterdam précise que :

> « Un an au moins avant que l'Union européenne ne compte plus de vingt États membres, une conférence des représentants des gouvernements des États membres est convoquée pour procéder à un réexamen complet des dispositions des traités relatives à la composition et au fonctionnement des institutions[4]. »

Le traité de Nice (2001) intervient alors que les nouvelles adhésions sont déjà décidées : il est impératif de parvenir à un accord. Sont alors déjà invités les futurs pays membres, qui n'adhéreront effectivement qu'au 1er mai 2004. Les négociations à Nice sont âpres et difficiles, ce dont témoignent la relative longueur du Conseil européen[5], le mécontentement

4. *Article 2 du Protocole n° 11 accompagnant le traité d'Amsterdam sur les institutions dans la perspective de l'élargissement de l'Union européenne.*
5. *Le Conseil européen de Nice est le plus long des conseils européens clôturant une conférence intergouvernementale. Initialement prévu pour durer deux jours, durée habituelle des sommets européens, le sommet de Nice a duré quatre jours et demi, du jeudi 7 décembre, jusqu'au petit matin du lundi 11 décembre 2000.*

manifesté pendant le Conseil et même juste après la signature par certains gouvernements et, enfin, les difficultés de ratification en Irlande[6]. Les négociations sont dominées par des considérations relatives à l'intérêt national. La France refuse un « décrochage » de son pouvoir de vote par rapport à l'Allemagne au sein du Conseil. L'Espagne et la Pologne veulent être considérées comme de « grands pays ». Et les petits pays sont agacés par l'attitude des « grands ». Guy Verhofstadt, Premier ministre belge et « meneur » non désigné des « petits », arrache à Jacques Chirac la promesse que désormais au moins deux Conseils européens par an (sur quatre) seront tenus à Bruxelles, voire tous les sommets à terme. Tony Blair réagit, indigné : « on ne peut gérer les affaires comme ça à l'avenir », même si le gouvernement britannique soutient la proposition en elle-même[7]. Le chancelier allemand Gerhard Schröder conclut pour sa part : « Quand j'entends ces plaintes [concernant la répartition des voix], ça me rend malade. Cela n'a rien à voir avec l'Europe. Je m'en souviendrai longtemps... Ça ne promet rien de bon pour l'avenir de l'Union européenne[8]. » La plupart des observateurs soulignent alors la primauté de l'intérêt national aux dépens d'une coopération en vue d'un meilleur résultat. L'eurodéputé français Jean-Louis Bourlanges appelle même ouvertement à ne pas ratifier ce traité[9], préfigurant des réactions similaires d'autres eurodéputés.

L'« échec » de Nice, même si cette expression est alors vivement rejetée par les principaux responsables politiques, constitue un tournant dans l'histoire des réformes institutionnelles de la construction européenne. Certes, comme le sommet d'Amsterdam, celui de Nice décide de la tenue d'une nouvelle conférence intergouvernementale en 2004 pour traiter des questions laissées non résolues. Cependant, la démarche adoptée ensuite avec la Déclaration de Laeken de décembre 2001 rompt

6. *Sur les négociations à Nice, voir George Tsebelis et Xenophon Yatanagas, « Veto Players and Decision-Making in the EU after Nice : Policy Stability and Bureaucratic-Judicial Discretion »,* Journal of Common Market Studies, *40 (2), p. 283-307 ; Piet van Nüffel, « Le traité de Nice : un commentaire »,* Revue du droit de l'Union européenne, *2, p. 329-387.*

7. *Philippe Gélié, « Bruxelles, doublement capitale »,* Le Figaro, *13 décembre 2000, p. 5.*

8. *Cité dans Carlos Yarnoz, « Ça ne promet rien de bon pour l'avenir de l'Union européenne »,* Le Monde, *20 décembre 2000, p. 17.*

9. *Jean-Louis Bourlanges, « Il ne faut pas ratifier Nice »,* Le Monde, *13 décembre 2000, p. 1.*

clairement avec le caractère surtout intergouvernemental des procédures de révision des traités. Les « conférences intergouvernementales », qui durent en général à peu près une année, ne sont certes pas exclusivement intergouvernementales, dans la mesure où elles n'excluent pas complètement la Commission et le Parlement européens. Mais ces derniers jouent un rôle relativement marginal et, surtout, cette procédure semble être hermétique à toute influence de la société civile[10].

La démarche de Laeken témoigne de la prise de conscience des limites de ce mécanisme et de la nécessité d'innover dans la procédure de réforme des traités. La Déclaration de Laeken du Conseil européen met en place une « Convention sur l'avenir de l'Europe », selon le modèle de la Convention qui avait élaboré la Charte des droits fondamentaux. Elle doit réfléchir à plusieurs grands défis identifiés par le Conseil européen : une meilleure répartition et définition des compétences dans l'Union européenne ; la simplification des instruments de l'Union ; davantage de démocratie, de transparence et d'efficacité dans l'Union européenne. Enfin, elle doit montrer « la voie vers une Constitution pour les citoyens européens ». Cela dit, selon la Déclaration de Laeken, la Convention est censée élaborer un document final avec des réponses à ces défis, et nullement présenter elle-même une Constitution. Cette dernière sera plutôt le fruit de la dynamique propre de cette enceinte et de l'empreinte de son président, Valéry Giscard d'Estaing.

L'autre objectif, plus ou moins clairement affiché, était de passer d'une logique de la *négociation*, entendue comme une « recherche de compromis, par le biais d'échange de concessions entre acteurs aux préférences stables[11] », à une logique de la *délibération*, entendue comme « un échange d'arguments rationnels visant à dégager un accord large[12] ». Les résultats semblent plutôt positifs, dans la mesure où certains acteurs, dont la France, semblent avoir accepté de faire davantage de

10. Thomas Christiansen et Knud Erik Jorgensen, « Negotiating Treaty Reform in the European Union : the Role of the European Commission », International Negotiation, *3 (3), 1998, p. 435-452 ; voir également le numéro spécial du* Journal of European Public Policy, *9 (1), 2002, consacré à la révision des traités.*

11. Paul Magnette, « La Convention européenne : argumenter et négocier dans une assemblée constituante multinationale », Revue française de science politique, *54 (1), 2004, p. 6.*

12. Ibid., *p. 7.*

concessions qu'à Nice ou à Amsterdam. Mais Paul Magnette conclut que le passage à une logique de la délibération ne peut être jugé, au mieux, que partiel[13].

Il reste que la Convention pour l'avenir de l'Europe a au moins partiellement réussi là où les deux conférences intergouvernementales précédentes avaient échoué. Malgré ses imperfections, la Convention est apparue comme une alternative intéressante au mécanisme traditionnel de révision des traités. Il est à craindre que le rejet du traité n'entraîne dans sa chute également cette innovation institutionnelle. La question principale reste, cependant, celle des conséquences du rejet du traité pour l'efficacité des institutions européennes.

Le mécanisme décisionnel

Comment interpréter les conséquences institutionnelles et politiques du non français ? On ne peut qu'émettre des hypothèses, mais certaines d'entre elles sont déjà solidement fondées. D'une part, toutes les règles relatives au marché unique restent en vigueur. D'autre part, la plus grande difficulté à parvenir à des décisions risque de limiter - tout simplement - le nombre de décisions prises par le Conseil, ce qui, à son tour, devrait avoir pour conséquence d'accroître le pouvoir discrétionnaire de la Commission et de la Cour de justice européenne.

Par ailleurs, même si cela a été répété maintes fois par tous les partis intéressés, le non n'invalide pas la troisième partie du traité mais les réformes contenues dans les deux premières. Pour rappel, la troisième partie contient les articles sur la concurrence, les services d'intérêt économique général (et non le service public), les aides d'État, la libre circulation des biens et des services, etc., c'est-à-dire l'essentiel des éléments qui ont été mis en avant par la campagne pour le non. Cette troisième partie ne fait que reprendre, à quelques amendements mineurs près, le « Traité instituant les Communautés européennes », signé le 25 mars 1957 à Rome (le traité de Rome) et amendé à Luxembourg en 1986 (Acte unique), à Maastricht en 1991, à Amsterdam en 1997 et à Nice en 2001. Autrement dit, pour l'essentiel, cette troisième partie reprend des dispositions provenant de traités antérieurs, qui ont tous été

13. Ibid., *p. 38.*

ratifiés par la France et qu'elle doit donc continuer à respecter. Ce qu'elle a d'ailleurs sans aucun doute l'intention de faire, si l'on en croit les mots du président de la République dans son allocution suivant la publication des résultats du 29 mai. Le fait que cette troisième partie ait motivé le vote négatif d'un très grand nombre d'électeurs n'y change rien.

Les conséquences au niveau de la capacité décisionnelle de l'Union européenne sont plus importantes. Le non va laisser en place la pondération des voix introduite par le traité de Nice.

Ce dernier avait, le premier, créé un système de vote pour l'Europe à vingt-cinq qui distinguait trois critères de majorité parallèles. D'abord, le traité de Nice augmentait le seuil de la « majorité qualifiée » qui passait ainsi d'environ 71 % des votes à 74 %, rendant par conséquent la prise de décision sensiblement plus difficile. Les traités d'adhésion des nouveaux États membres ont permis de corriger au moins partiellement le tir, la plupart des gouvernements s'étant rendu rapidement compte des limites du traité de Nice. Le seuil de la majorité qualifiée ne passe ainsi que de 71 % à 72,2 %, restant donc à peu près stable. Le deuxième critère établit que la majorité doit représenter au moins la moitié des États membres. Enfin, un État membre peut demander la vérification que la majorité correspond à au moins 62 % de la population de l'UE.

Le Traité constitutionnel revenait sur cette décision en réformant en profondeur le vote au Conseil. Les conventionnels avaient, semble-t-il, rapidement compris les problèmes posés par le traité de Nice. Ainsi, avec le nouveau traité, il aurait suffi d'obtenir 55 % des votes – avec la règle « un pays, un vote » – correspondant à au moins 65 % de la population de l'UE. Une minorité de blocage devait compter au moins quatre membres[14]. Ceci aurait considérablement amélioré la capacité décisionnelle de l'Union par rapport au *statu quo*. Selon les calculs de Richard Baldwin et Mika Widgren[15], la prise de décision est deux fois plus difficile dans l'Union élargie, si l'on compte le nombre de coalitions gagnantes possibles. Le graphique 11 reproduit ce calcul pour tous les cas de figure importants. La courbe représentant la « probabilité décisionnelle » indique, en effet, le nombre de coalitions gagnantes

14. Pour éviter que l'Allemagne plus deux autres grands puissent bloquer à eux seuls une décision.

15. Richard Baldwin et Mika Widgren, « Council Voting in the Constitutional Treaty. Devil in the Details », CEPS Policy Brief, *53, 2004, p. 6.*

possibles par rapport à toutes les coalitions possibles. De manière purement arithmétique, donc, on voit la probabilité de prendre une décision diminuer, au fur et à mesure des élargissements, de 9,8 % avant l'élargissement de 1995 à 2,9 % (!) après l'élargissement du 1er mai 2004. Le traité de Nice était censé éviter le blocage institutionnel en facilitant la formation de majorités au Conseil. Ce traité y parvient, en effet, mais seulement de manière marginale. Le nombre de coalitions gagnantes augmente de 18 % environ, la probabilité décisionnelle passant à 3,5 %. Les règles de Nice maintiennent donc l'Europe dans la situation la plus difficile de son histoire en termes de capacité de prise de décision. Et pourtant, le Traité constitutionnel aurait grandement facilité la prise de décision, au point que la probabilité qu'un vote favorable soit obtenu sur un sujet quelconque aurait été supérieure à celle de l'Europe à douze (avant l'entrée de l'Autriche, la Finlande et la Suède). Ainsi, par rapport à Nice, le nombre de coalitions gagnantes aurait été pratiquement multiplié par quatre, la probabilité décisionnelle passant de 3,5 % à 13,5 %.

Nous reviendrons dans la prochaine section sur la signification du non pour le pouvoir des États et de l'indice de pouvoir utilisé dans le graphique 11. D'ores et déjà, un autre enseignement peut être tiré de ce graphique : la capacité décisionnelle est aujourd'hui étroitement liée à l'existence de « poids lourds » en termes de votes. Ainsi, pour que l'Union retrouve sa capacité décisionnelle au Conseil, il faudrait que les « grands[16] » aient plus de voix que les « petits[17] » et, surtout, que les « moyens » en aient moins, comme l'illustrent respectivement les courbes pour l'Allemagne et le Portugal, ce dernier étant choisi ici comme représentant des « moyens[18] ». Autrement dit, pour éviter le blocage institutionnel, l'UE devra se distancier

16. Il faut préciser que les « grands » sont nettement *plus grands que les autres membres. Ainsi, l'Allemagne a une population de 82 millions d'habitants, la France, l'Italie et le Royaume-Uni entre 57 et 60, la Pologne et l'Espagne pas loin de 40. Le prochain pays le plus grand, les Pays-Bas, n'a qu'une population de 15,8 millions d'habitants.*

17. Ici, le Luxembourg représente les « petits », mais si on se limite aux États membres avec moins de trois millions d'habitants, on trouve également Malte, Chypre, l'Estonie, la Slovénie et la Lettonie en ordre croissant. Selon la pondération établie à Nice, ils possèdent deux (Malte et Luxembourg) et trois voix chacun.

18. Dans l'Europe à vingt-cinq, les « moyens » étaient majoritaires : il s'agit de treize pays avec des populations allant de 3,7 millions (Irlande et Lituanie) à 15,8 millions (Pays-Bas). Selon la pondération établie à Nice, ils obtiennent entre sept et treize voix chacun.

Graphique 11 : Évolution de la capacité décisionnelle de l'UE et du pouvoir de certains États membres

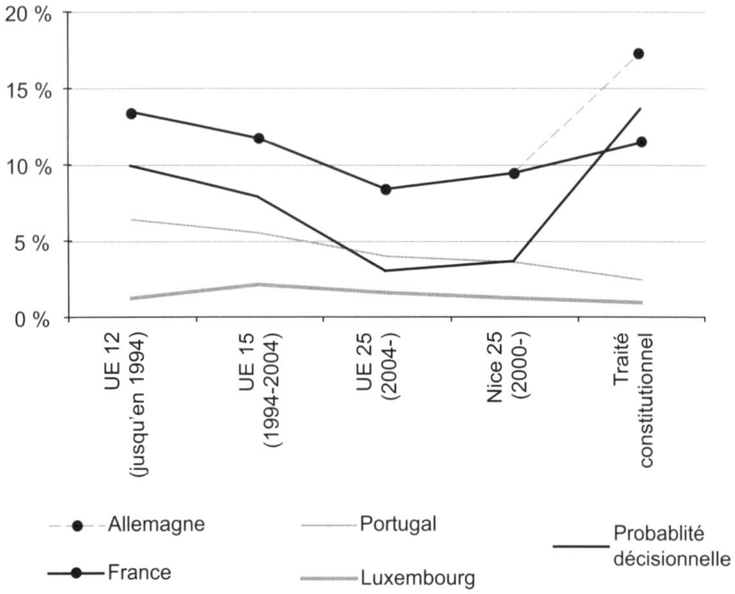

Sources : Données d'enquête du projet RAPFI.

davantage que par le passé de la volonté de représentation égale des États membres au Conseil, et se rapprocher autant que possible d'une représentation proportionnelle, fondée sur un critère démographique, comme le faisait le Traité constitutionnel. Ce système favoriserait fortement les « grands » et affaiblirait – relativement au *statu quo* – tous les « moyens », dont notamment tous les nouveaux États membres. De manière plus générale, dans tout système de votes pondérés, plus la répartition des votes sera asymétrique, plus la capacité décisionnelle sera grande. À l'inverse, plus la pondération tendra vers l'égalité des votes, plus la capacité décisionnelle sera faible, et plus le danger de blocage institutionnel sera grand.

Cependant, ces calculs sont clairement à relativiser. Au-delà des arguments d'arithmétique de vote, la capacité décisionnelle du Conseil des ministres dépend d'autres facteurs, souvent bien connus, mais difficilement quantifiables. De manière générale, dans l'Europe à quinze, il persistait une nette préférence pour la décision à l'unanimité. Le vote à majorité qualifiée était toujours vécu comme un affront pour les « perdants ». Cela explique sans doute que le Conseil des ministres préfère éviter les votes, même là où la majorité qualifiée s'applique. Parallèlement, le compromis de Luxembourg de 1966, même dans sa forme « atténuée » de Ioaninna[19], reste une ombre qui plane sur la prise de décision au Conseil. C'est le rappel que la légitimité de l'Union découle d'abord – au moins historiquement – de la volonté d'États souverains.

Selon l'une des rares enquêtes réalisées sur ce sujet pour la période 1994-1998, la très grande majorité des « votes » est réalisée à l'unanimité[20]. Plusieurs explications existent. Premièrement, les États membres préfèrent parvenir à un accord qui reçoive l'aval de tous les membres ou qui, au pire, ne suscite l'opposition d'aucun membre. Dès lors, les membres du Conseil vont continuer à négocier jusqu'à ce qu'un tel accord soit trouvé. Ensuite, les négociations sur les votes ou la construction de coalitions ont rarement lieu par rapport à un seul enjeu. Ainsi, sur un vote donné, un État membre réticent est susceptible d'approuver la proposition en échange d'un soutien sur un autre point, plus important pour lui. Mais il a été souligné que de tels *package deals* sont finalement assez rares, dans la mesure où un Conseil des ministres de transports n'a pas de compétence pour coordonner les décisions du Conseil des ministres de l'environnement. Cependant, même à l'intérieur d'un même domaine politique, de telles négociations sont probables.

Le recours au principe d'unanimité ne doit pas cacher que l'extension du vote à la majorité qualifiée représente une incitation majeure à accepter des accords, dès lors que ceux-ci ne sont pas diamétralement opposés aux préférences d'un État membre donné. Autrement dit, le comportement d'un État membre réticent sur une décision donnée risque de ne pas être le même sur un projet législatif dont l'approbation requiert

19. Le compromis de Luxembourg permettait à un État membre d'invoquer les « intérêts vitaux » pour s'opposer à une proposition. Le compromis de Ioaninna, du nom de la ville qui accueille le Conseil européen informel du 27 mars 1994, oblige le Conseil des ministres à épuiser toutes les possibilités, dans un délai « raisonnable » pour trouver une solution satisfaisante pour la grande majorité du Conseil (plus grande que celle requise pour le vote à la majorité qualifiée), si une minorité légèrement inférieure à la minorité de blocage annonce son intention de voter contre une texte donné.

20. Mikko Mattila et Jan-Erik Lane, « Why Unanimity in the Council ? A Roll Call Analysis of Council Voting. » European Union Politics, *2 (1), 2001, p. 31-52.*

l'unanimité que dans un projet où s'applique le vote à la majorité qualifiée, mais où l'on préfère décider à l'unanimité. Une pression existe alors pour minimiser les désaccords et faire profil bas, dès lors que des négociations informelles ou les sondages préliminaires ont montré qu'un vote à la majorité qualifiée déboucherait sur une issue défavorable.

Il reste à voir comment cette tradition « consensualiste[21] » va évoluer dans l'Europe à vingt-sept. Au vu des difficultés résultant du traité de Nice pour parvenir à des décisions, au moins deux scénarios sont plausibles. D'une part, il est de moins en moins probable qu'une quelconque proposition recueille une approbation unanime, faisant du vote à la majorité qualifiée la seule issue crédible. D'autre part, cette même difficulté à prendre des décisions renforcera peut-être la volonté de parvenir à des accords larges, acceptables pour tous et donc relativement vagues, ou, au contraire, celle-ci empêchera purement et simplement la prise de décision dans un nombre croissant de cas.

C'est ce dernier cas de figure qui semble le plus probable aux yeux de George Tsebelis et Xénophon Yatanagas[22]. Selon leur analyse, le traité de Nice a pour conséquence une diminution de la capacité décisionnelle du Conseil des ministres. C'est surtout le fait du relèvement du seuil de la majorité qualifiée. Les deux autres critères de majorité du traité de Nice – la majorité de pays et 62 % de la population – n'affectent que marginalement la capacité de parvenir à une majorité[23]. Dans le langage de George Tsebelis et Xénophon Yatanagas, cette diminution de la capacité décisionnelle revient à augmenter la stabilité politique de l'UE.

Il en résulte deux conséquences étroitement liées. La prise de décision plus difficile au niveau du Conseil a un effet boomerang sur le Parlement européen également. George Tsebelis a montré comment des obstacles à la prise de décision dans une seule institution peuvent prendre en otage

21. Pour les comparativistes, le système politique européen est à classer dans la catégorie des systèmes « consensuels », où l'on préfère l'inclusion et le consensus à l'adversité et au conflit. Ceci serait caractéristique surtout des pays d'Europe du Nord, par opposition aux démocraties majoritaires comme celle du Royaume-Uni ou de la France. Voir Arendt Lijphart, Patterns of Democracy : Government Forms and Performance in Thirty-Six Countries, *New Haven (Conn.), Yale University Press, 1999, 351 p.*

22. George Tsebelis et Xenophon Yatanagas, « From the European Convention to the Brussels IGC and Beyond : a Veto Players Analysis », European Constitutional Law Review, *1 (3), 2005, p. 429-451.*

23. Ibid., *p. 441.*

tout un système décisionnel[24]. La conséquence principale en serait une plus grande autonomie pour l'administration européenne et la justice. Cela n'est guère étonnant : ce sont deux acteurs historiquement très favorables à l'intégration européenne, et l'histoire montre que leur activisme a toujours été le plus fort lors des périodes de « crise » ou de blocage institutionnel, c'est-à-dire quand il devenait difficile de prendre des décisions au Conseil. Pour ce qui est de la Cour de justice des Communautés européennes, cette thèse est largement démontrée par le fait que les bases de sa doctrine juridique et notamment des principes d'effet de suprématie directe ont été établis par des arrêts du milieu des années 1960, en pleine période gaullienne, et développés pendant les années 1970, qui sont pourtant souvent qualifiées de période d'eurosclérose[25].

L'activisme de la Commission européenne, de son côté, est au centre de nombreux travaux, notamment sur la période de la mise en place du marché intérieur, mais aussi, dans une moindre mesure, sur l'Union économique et monétaire ou, encore, l'élargissement. Le *leadership* de la Commission dans un grand nombre de politiques ne fait pas de doute. Et pourtant, au cours des dernières années, les États semblaient vouloir limiter la croissance, voire revenir sur les compétences de celle-ci. Ainsi, la mise en place d'instruments plus intergouvernementaux comme la « méthode ouverte de coordination » pour s'attaquer à de nouveaux domaines comme l'emploi ou l'exclusion témoigne précisément de la volonté de limiter ou d'empêcher l'influence de la Commission et de la Cour de Justice dans certains domaines. De même, le développement des politiques communautaires en matière de « justice et affaires intérieures » témoigne de cette même volonté, et a d'ailleurs entraîné l'introduction d'éléments d'intergouvernementalisme dans le pilier communautaire[26].

À ce titre, le rejet du Traité constitutionnel rompt paradoxalement avec une tendance de « renationalisation » ou, en tout cas, de frein à la méthode

24. *George Tsebelis,* Veto Players. How Political Institutions Work, *Princeton (N. J.), Princeton University Press, 2002, 317 p.*
25. *Voir Anne-Marie Burley et Walter Mattli, « Europe Before the Court : a Political Theory of Legal Integration »,* International Organization, *47 (1), 1993, p. 41-76 ; Renaud Dehousse,* La Cour de justice des Communautés européennes, *Paris, Montchrestien, 1997, 160 p.*
26. *Voir l'introduction de Sandra Lavenex et William Wallace, « Justice and Home Affairs », dans Helen Wallace, Mark Pollack et William Wallace,* Policy-Making in the European Union, *Oxford, Oxford University Press, 2005.*

communautaire historique. En limitant la capacité propre de prendre des décisions, les États membres risquent de perdre le contrôle d'une bonne partie du processus décisionnel. Ceci ne devrait pas manquer d'inciter la Cour de justice et la Commission à poursuivre leur propre agenda. De nombreux travaux montrent ainsi comment la stabilité politique accrue – pour ne pas dire l'immobilisme – qui risque de résulter de l'application des règles décisionnelles du traité de Nice est susceptible de favoriser l'autonomie des deux institutions non élues que sont la Commission et la Cour[27].

Cela ne pose pas de difficulté particulière pour certains. Conforme à sa vision intergouvernementaliste de l'UE, Andrew Moravcsik soutient ainsi que le déficit démocratique dans l'UE dérive essentiellement du fait que celle-ci ne s'occupe que de tâches électoralement peu saillantes. Même au niveau national, des tâches comme la politique monétaire, l'administration technique ou la diplomatie économique, sont le plus souvent déléguées à des agences spécialisées et, à ce titre, soustraites au jeu démocratique habituel[28]. Selon cette vision, l'autonomie relative de l'appareil judiciaire et des administrations serait la conséquence naturelle des types de sujets traités.

Même s'il n'est pas question ici de traiter des débats relatifs au déficit démocratique, il est néanmoins certain que cet argument est un tant soit peu partiel, dans la mesure où les enjeux traités par l'Union européenne sont loin d'être purement « techniques », et que les non français et néerlandais montrent que les électeurs ne sont guère indifférents aux conséquences – réelles ou perçues – de l'intégration européenne. Plus important encore, le niveau de protection environnementale, l'émergence de politiques de lutte antiterroriste ou encore l'abolition des monopoles dans certains services publics peuvent difficilement être qualifiés de sujets « techniques », même si ces politiques peuvent exiger un très haut niveau d'expertise. Le résultat du 29 mai, qui était pour les tenants du « non de gauche » une « victoire

27. Sur la CJCE, voir Geoffrey Garrett et Barry Weingast, « Ideas, Interests and Institutions : Constructing the European Community's Internal Market », dans Judith Golstein et Robert Keohane (dir.), Ideas and Foreign Policy, *Ithaca (N. Y.), Cornell University Press, 1993, p. 173-206. Sur le comportement et l'autonomie des administrations, voir John D. Huber et Charles R. Shipan,* Deliberate Discretion : the Institutional Foundations of Bureaucratic Autonomy, *Cambridge, Cambridge University Press, 2002, 284 p.*

28. Andrew Moravcsik, « In Defense of the Democratic Deficit : Reassessing Legitimacy in the EU », Journal of Common Market Studies, *40 (4), 2002, p. 603-624.*

contre le néolibéralisme » et la technocratie bruxelloise, risque ainsi paradoxalement de précisément les renforcer.

La France marginalisée à cause du non ?

On a beaucoup entendu parler du danger de marginalisation de la France en cas de victoire du non lors du référendum. Les défenseurs de la Constitution mettaient en garde contre les conséquences jugées désastreuses d'un rejet du Traité constitutionnel. Cet argument paraît sans doute quelque peu exagéré. Il semble reposer sur le présupposé d'une France puissante, aux commandes de l'Europe. Or le rôle de la France s'est progressivement affaibli, et le récent élargissement apparaît comme un accélérateur de cette évolution. Cependant, il semble probable que le résultat du référendum renforce une évolution déjà en cours.

D'abord, pour rester dans les critères comptables présentés dans la dernière partie, les pertes de la France sont palpables en termes de pouvoir de vote, même si elles ne sont pas très importantes. Le non français maintient, comme nous l'avons vu, la pondération des votes établie à Nice en décembre 2000 avec sa capacité de prise de décision plus faible. Le traité de Nice et le Traité constitutionnel modifient tous les deux la pondération des votes au Conseil[29] dans un sens favorable aux grands États.

Concrètement, le traité de Nice a clairement renforcé les droits de vote des « grands » (Allemagne, France, Italie et Royaume-Uni) et des « presque grands » (Espagne et Pologne) aux dépens de tous les autres[30]. Ainsi, ces pays ont vu en moyenne leur pouvoir au Conseil augmenter de 3,5 % par rapport au système antérieur[31]. Parallèlement, le critère de population fait de l'Allemagne un allié incontournable pour toute minorité de blocage. Le Traité constitutionnel aurait augmenté le pouvoir relatif de la France de 1 % supplémentaire.

29. La dernière grande réforme de la pondération des votes avant le traité de Nice datait de 1995, c'est-à-dire de l'époque du dernier élargissement, au moment de l'adhésion de l'Autriche, de la Finlande et de la Suède.

30. Sur ce sujet, voir Axel Moberg, « The Nice Treaty and Voting Rules in the Council », Journal of Common Market Studies, *40 (2), 2002, p. 259-282.*

31. Le pouvoir est ici défini par le critère Shapley-Shubik. Le principe derrière ce calcul est simple : un logiciel calcule toutes le combinaisons de votes et le nombre de fois que chaque pays est « crucial », c'est-à-dire qu'il peut faire ou rompre une coalition gagnante. Le logiciel Indices of power IOP 2.0 *est disponible gratuitement sur http://www.tabraeuninger.de.*

À ce titre, le non représente une perte substantielle de pouvoir quantitatif au Conseil. Il est important de souligner que les deux réformes institutionnelles, celles proposées par le traité de Nice et celles du Traité constitutionnel, visaient avant tout à compenser la perte d'influence des grands pays due aux élargissements, sans que ces compensations parviennent pour autant ne serait-ce qu'à maintenir le pourcentage de voix des « grands » au Conseil. Autrement dit, chaque élargissement a, jusqu'à maintenant, relativement affaibli le pouvoir des « grands ». Nice et ensuite le Traité constitutionnel ont essayé de limiter ce déclin.

S'y ajoute le fait que, dans un contexte de prise de décision rendue plus difficile par l'entrée en vigueur du traité de Nice (*cf. infra*), toute politique volontariste n'aura pas beaucoup de chances d'aboutir. Cependant, il est loin d'être certain que les procédures plus efficaces du Traité constitutionnel auraient fondamentalement changé la donne. La France, qui avait accepté un « décrochage » de la pondération de ses votes au Conseil par rapport à l'Allemagne, revient à l'égalité de voix, qu'elle avait d'ailleurs défendue vigoureusement à Nice.

Les deux grands gagnants du non en termes de voix sont l'Espagne et la Pologne. Le Premier ministre espagnol José Maria Aznar avait poursuivi avec succès une mise sur un plan de (presque) égalité avec les « grands » de l'Espagne et de la Pologne, alors alliés de circonstance. À la suite de la Convention et de la conférence intergouvernementale, la réticence de l'Espagne à revenir sur le « bonus Aznar », comme l'avaient appelé certains observateurs[32], risquait de faire obstacle à un accord final sur le Traité constitutionnel. Seule la défaite électorale – surprise – et l'arrivée au pouvoir de José Zapatero en mars 2004 avaient permis de débloquer les négociations, et de faire renoncer l'Espagne au surplus de voix obtenu à Nice.

Il est intéressant de rappeler que l'électorat espagnol a voté massivement en faveur du traité lors du premier référendum, tenu le 20 février 2005 avec 76,73 % de oui, mais une participation extrêmement faible de 42 %. Les électeurs espagnols ont, par ce vote, fait preuve d'un attachement bien particulier à l'Europe qui dépasse manifestement très largement le calcul coûts-bénéfices qu'on dit souvent expliquer l'attitude face à l'Europe. En votant massivement oui, les Espagnols ont abandonné le « bonus Aznar »,

32. Voir Richard Baldwin et Mika Widgren, « Council Voting in the Constitutional Treaty », op. cit.

et donc voté contre « l'intérêt national », entendu au sens restrictif d'une maximisation du pouvoir sur la scène internationale.

Sur le plan politique, ensuite, les premières conséquences sont devenues palpables à l'occasion du Conseil européen de Bruxelles des 16 et 17 juin 2005. Le désaccord sur l'avenir du « rabais » britannique est à lui seul révélateur de l'ampleur de l'onde de choc envoyée par le non français. Le rabais britannique avait été introduit en 1984 pour tenir compte des subventions européennes relativement faibles pour le Royaume-Uni, par rapport à sa contribution régulièrement parmi les plus importantes. La principale raison en était la part prépondérante de la politique agricole commune (PAC) dans le budget de l'Union, qui en représentait alors plus de 70 %. La diminution régulière de la part de la PAC dans le budget européen, jusqu'à 44 % à l'heure actuelle (chiffres pour 2004), a rendu d'autant plus difficile la justification du rabais britannique. De ce point de vue, l'insistance de la France et de l'Allemagne sur ce thème n'avait rien de particulièrement étonnant.

Néanmoins, cette initiative portait fortement la trace de la volonté de redynamiser le processus d'intégration après les deux revers de taille subis. Plus révélatrice encore, la réaction nullement défensive du Premier ministre britannique pouvait signaler un changement de ton et de direction dans l'Union européenne. La situation politique relativement délicate des gouvernements allemand et français[33] en place encourageait sans doute le leader britannique récemment réélu dans sa démarche revendicative.

Le non au Traité constitutionnel était ici douloureux pour le gouvernement français à plusieurs égards. Le travail de la Convention sur l'avenir de l'Europe avait été l'occasion d'une tentative de relance de la collaboration franco-allemande, et devait aussi aider la France à surmonter les tensions survenues à l'occasion du Conseil européen de Nice et dans le contexte de l'élargissement.

33. Le rejet du Traité constitutionnel en France, soutenu par le gouvernement, s'ajoute aux défaites électorales aux élections régionales et européennes en 2004. En Allemagne, le gouvernement a organisé de nouvelles élections générales le 18 septembre 2005 à la suite d'une série de défaites à l'échelon des Länder, dont, notamment, le fief historique des sociaux-démocrates, la Rhénanie du Nord-Westphalie lors des élections du 22 mai 2005. Malgré un score finalement respectable, Gerhard Schröder s'est vu contraint de céder le poste de chancelier à Angela Merkel, chef de file des démocrates chrétiens.

Il est vrai que le Conseil européen de Nice avait été perçu très négativement par les leaders de plusieurs États membres et pays candidats. L'attitude de la France avait été jugée méprisante et trop focalisée sur ses intérêts nationaux[34]. C'est dans le contexte de l'après-Nice et de ces très nombreuses réactions négatives que l'exécutif français en était venu à percevoir la relance du moteur franco-allemand comme une stratégie prometteuse. Pour y parvenir, la France avait pourtant dû faire de très nombreux compromis sur des domaines qui semblaient encore intouchables et non négociables quelques mois auparavant. Ainsi, la France avait accepté de transiger, par exemple, sur la question de la pondération des votes. Alors qu'elle favorisait de longue date une nouvelle pondération en faveur des grands États au nom de l'efficacité décisionnelle, elle avait vigoureusement défendu l'égalité de votes entre grands pays. Or le Traité constitutionnel, en s'appuyant presque exclusivement sur le critère démographique, entérinait le décrochage entre le poids de la France et celui de l'Allemagne.

Cette relance n'avait donc pas été exempte de coûts pour la France, même si son poids électoral aurait certainement été accru de manière relative et, comme mentionné précédemment, par rapport à la situation créée par le traité de Nice. Face à l'échec perçu des conférences intergouvernementales menant aux traités d'Amsterdam et de Nice, la France avait accepté de jouer un jeu plus coopératif avec tout ce que cela comportait de sacrifices.

Face à cet « investissement », l'échec ultime de cette stratégie constitue sans aucun doute un revers majeur et pour la France et pour un couple franco-allemand que l'on voit depuis des années en perte de vitesse. Même si les premières réactions après le référendum ne pointent cependant guère vers la dissolution de ce couple, il est certain que le résultat peut aussi être vu comme l'échec de cette collaboration. Cela concerne la perception du couple franco-allemand par les autres États membres ainsi que par les dirigeants et les administrations de ces deux pays. La communauté de vues concernant la fin du rabais britannique manifestée à la veille du Conseil européen de Bruxelles ne paraît pas très significative à cet égard. Par ailleurs, la stratégie commune a fait l'impasse sur certains

34. Voir Nicolas Jabko, « Comment la France définit ses intérêts dans l'Union européenne », art. cité.

sujets délicats comme la réforme de la politique agricole commune (PAC), que l'Allemagne appelle de ses vœux et à laquelle la France résiste. Le recul nécessaire à une évaluation d'ensemble manque, mais il est certain que le couple franco-allemand bat de l'aile depuis des années, et que l'échec de sa relance semble particulièrement problématique pour cette raison. Cependant, il est vrai aussi que le couple a toujours dans une grande partie vécu de la sympathie entre les leaders français et allemand. Ainsi, il est vrai que les « couples » Schmidt-Giscard, Mitterrand-Kohl ou encore Genscher-Dumas étaient très importants à la réussite d'initiatives passées. Et sans doute les deux leaders actuels sont-ils bien plus éloignés l'un de l'autre que certains de leurs prédécesseurs. À ce titre, les problèmes rencontrés actuellement pourraient pour partie être résolus par l'émergence de nouvelles personnalités.

La question de l'élargissement à l'Est apparaît comme plus problématique ici. Dès avant l'élargissement, il est devenu clair que l'Europe à vingt-sept ne pourra pas prendre de décisions avec la même facilité que l'Europe à quinze ou moins. Dès lors, il est à prévoir que le couple franco-allemand, de moins en moins bien accepté par l'UE à quinze, le sera encore moins dans l'Europe à vingt-sept. Pour les nouveaux États membres, la question de la souveraineté – récemment acquise – est plus centrale. Toute forme de « tutelle », réelle ou perçue, n'est pas acceptable, et ce d'autant plus que tous les nouveaux États membres ont déjà dû faire d'énormes efforts et sacrifices pour satisfaire aux critères d'adhésion et pour intégrer l'acquis communautaire.

Dès lors, les discussions et les débats à propos des nouvelles pondérations des votes s'insèrent dans une logique politique d'ensemble dont les origines remontent au moins jusqu'aux années 1990. Il n'est pas possible de procéder ici à une analyse approfondie pour identifier lequel des changements intervenus depuis a été le plus important : la chute des régimes communistes, la réunification allemande ou l'élargissement à l'Est. Ce qui est certain, c'est que tous ces changements ont contribué à un changement sinon du pouvoir formel, du moins de la perception du rôle de la France dans l'UE.

Conclusion

LES SUITES DU RÉFÉRENDUM

Le non français au Traité constitutionnel européen n'a pas été un accident. Il n'a pas non plus constitué une erreur aux yeux de la majorité des Français, quand bien même ceux-ci ont eu conscience du « prix à payer » en termes de perte de capacité de l'influence française en Europe. Mais, paradoxalement, ce résultat n'a pas été celui attendu par les différents tenants du non. Le non avait en effet pour conséquence l'application du traité de Nice. Or le compromis défini par ce traité, pour lequel l'insatisfaction générale était telle qu'elle avait permis l'élaboration rapide du Traité constitutionnel, représentait l'opposé du résultat espéré : par la difficulté probable qu'aurait à émerger toute décision au niveau intergouvernemental, Commission et Cour de justice européennes devaient redevenir les principaux initiateurs sur la scène politique européenne, mais seulement sur la base du plus petit dénominateur commun, à savoir principalement le plan économique.

Le non français, parce qu'il a également été confirmé par le non néerlandais, a ainsi ouvert une période de crise pour l'Europe. Le long et difficile processus qui a mené jusqu'à la rédaction du Traité constitutionnel européen a été stoppé. Et le nouveau mode d'élaboration des adaptations nécessaires des institutions européennes reste largement à réinventer. Dans une Union désormais à vingt-sept membres, et dans un contexte où les référendums nationaux de ratification semblent être devenus la norme, la probabilité de « défections involontaires » est particulièrement élevée. Pour les traités de Maastricht et de Nice, ces défections, déjà réalisées, ont été surmontées soit par l'octroi de dérogations au principe général, notamment sur la monnaie unique, soit simplement par un nouveau vote. Ces solutions semblent toutefois ne pas pouvoir être appliquées dans le cas du Traité constitutionnel. Mais aucune alternative n'a été jusqu'à présent véritablement explorée au niveau européen. La proposition d'un « mini-traité » faite par Nicolas Sarkozy a déjà suscité des critiques substantielles. Romano Prodi, notamment, s'est vivement inscrit contre l'idée d'une Europe du « plus petit dénominateur commun ». De même, l'idée de ne conserver que la partie institutionnelle du Traité constitutionnel ne semble ni recueillir un large consensus (Espagne et Pologne ont, par exemple, tout à y perdre), ni pouvoir résoudre l'ensemble des défis liés aux élargissements successifs.

Paradoxalement, cette rupture pour l'Europe s'inscrit plutôt dans la continuité des évolutions du jeu politique français. Si le scrutin du 29 mai ne peut être résumé à la réédition du référendum de Maastricht, la persistance des logiques tant au niveau de la prise de décision du référendum que des comportements de vote est frappante. Notons également de ce point de vue que la France ne paraît pas déroger fondamentalement aux logiques mises en évidence plus généralement au niveau européen. Mais le référendum sur le Traité constitutionnel européen illustre également l'hybridation progressive de l'enjeu européen avec la dimension gauche-droite plus traditionnelle de l'échiquier politique français. Enfin, ce référendum résulte du malaise profond et maintenant durable du système représentatif français, tout autant qu'il l'approfondit.

Deux ans après, l'arrivée du nouveau président français semble devoir constituer l'impulsion nécessaire à la relance des négociations, délibérément gelées jusqu'à l'élection du successeur de Jacques Chirac. Entretemps, l'Europe a pu retrouver les débats suspendus un moment pendant les processus de ratification, notamment autour de son budget, et repousser ainsi toute discussion sérieuse sur l'avenir de ses institutions. Du côté français, l'élection présidentielle de 2007 l'a pratiquement immédiatement emporté sur tout autre enjeu, et les clivages entre tenants du oui et partisans du non ont été progressivement oblitérés. Mais, si le 29 mai n'a pas provoqué de révolution, reste à essayer d'évaluer, pour achever son analyse, l'empreinte que celui-ci laissera durablement tant au niveau du processus d'intégration européenne que sur le système politique français.

Scénarios pour l'intégration européenne

Du point de vue des institutions, nous l'avons vu, l'Europe est dans une situation complexe. Comme le contexte politique ne permet guère de surmonter les obstacles institutionnels, elle se retrouve largement bloquée sur ses principaux dossiers. La présidence britannique au second semestre 2005 a immédiatement illustré les coûts potentiels de l'absence d'une capacité décisionnelle véritable, quand manque un consensus politique réel.

À la lumière de ces développements, la situation de l'UE semble critique. De nouvelles solutions devront être trouvées, mais la grande flexibilité du processus politique européen et la grande diversité de procédures pré-existantes peuvent rendre tout observateur un peu pessimiste. Même si les arguments « fonctionnalistes » ne peuvent être négligés. Selon Renaud Dehousse, « l'Europe n'a pas le choix : elle a besoin de projets pour donner un sens à son existence ; sa légitimité est tributaire de l'obtention de résultats positifs[1] ». Or, en s'engageant sur la voie de la réforme institutionnelle comme seul contenu, il est certain que le processus d'intégration entre dans un terrain incertain jusque-là réservé aux seuls États-nations. Si la nécessité d'une refonte institutionnelle ne fait guère de doute, on peut également penser que ce thème n'est pas très mobilisateur. Toujours selon Renaud Dehousse, le vrai problème de ce traité tient à ce qu'il n'est pas porteur de nouveaux projets. Or la Convention a illustré l'absence, à l'heure actuelle, de projets pouvant mobiliser la majorité des Européens, que ce soit à quinze, vingt-cinq ou trente et un[2].

Plusieurs scénarios sont néanmoins possibles pour l'avenir de l'Europe. Nous en identifions quatre : l'Europe-marché, l'Europe fonctionnaliste, l'Europe différentielle et l'Europe-fédération.

L'Europe-marché. C'est le scénario minimal. Contrairement à « l'épouvantail » brandi par certains à la suite de la victoire du non, ce scénario ne repose pas sur une domination du Royaume-Uni, dans une improbable alliance avec les nouveaux États membres, comme le rappelle Renaud Dehousse[3]. C'est plutôt le scénario que nous avons

1. *Renaud Dehousse,* La Fin de l'Europe, *Paris, Flammarion, p. 91-92.*
2. Ibid., *p. 93-94.*
3. Ibid., *p. 142-146.*

décrit plus haut pour l'avenir du processus décisionnel. Dans le contexte d'une prise de décision rendue plus difficile, de grandes avancées sont peu probables. Et il est surtout possible qu'une majorité des États membres s'accommode de cette situation, celle-ci permettant de protéger l'acquis communautaire sans pousser davantage l'Europe dans un sens ou dans un autre – que ce soit vers plus de « marché » ou plus de « social ».

Cette Europe-là fait pourtant la part belle aux institutions non élues. Moins de capacité décisionnelle correspond également, comme nous l'avons montré, à un pouvoir de sanction ou de réaction diminué à l'encontre des institutions comme la Commission, la Cour de justice ou la Banque centrale européenne, pour ne citer que les plus importantes. Dans la situation actuelle, il serait difficile de changer les statuts de ces institutions ou, même, de menacer de le faire.

Autrement dit, le *statu quo* risque de précipiter une période similaire à celle de « l'eurosclérose » qui a précédé la relance européenne, dans la première moitié des années 1980. Dans ce contexte, les principaux progrès devraient être accomplis par la Commission et la Cour de justice, à l'écart de la procédure législative. La meilleure manière d'éviter de susciter des coalitions hostiles sera de se concentrer sur la vocation historique de la construction européenne, à savoir l'intégration du marché, même si la directive Bolkestein et plus récemment la directive sur la libéralisation des services portuaires ont montré les limites de ce scénario.

L'Europe fonctionnaliste. Le retour vers des projets concrets est prôné par beaucoup comme la seule issue véritable à la situation actuelle. Dans cette perspective, le recours aux grands débats et aux protocoles cérémoniels qui ont accompagné la signature du Traité constitutionnel à Rome ne pouvaient que détourner le processus d'intégration de sa vocation première. Depuis la Communauté européenne du charbon et de l'acier, les grands succès de l'intégration ont été caractérisés par leur caractère précis et concret : augmenter la productivité agricole, créer une union douanière, puis un marché unique ou, encore, une monnaie unique ou l'élargissement. À défaut d'un objectif précis, le processus d'intégration européenne stagne.

Ce scénario exige un choix politique, celui de l'abandon des grands discours qui se sont succédés depuis celui du ministre des Affaires étrangères allemand de l'époque, Joschka Fischer, à l'Université Humboldt de Berlin en mai 2000. Mais, il manque toujours un projet concret et précis pour opérer ce retour en arrière.

Plusieurs cas de figure sont pourtant susceptibles de raviver ce scénario. Tout d'abord, des défis communs continuent à exister et à alimenter le processus d'intégration, y compris dans des domaines longtemps exclus de l'intégration européenne. Les progrès dans la coopération en matière de justice et affaires intérieures (JAI) montrent comment un sujet aussi délicat que les politiques pénales peut être intégré sous la pression d'événements particuliers comme le 11 septembre. De même, dans le cas des épizooties des dernières années ou de la pandémie potentielle de grippe aviaire, l'Union européenne est appelée à jouer à nouveau un rôle de premier plan. Par ailleurs, certaines questions d'infrastructure, comme celles révélées à la suite du conflit énergétique entre la Russie et l'Ukraine, pourraient précipiter des coopérations régionales, suggérant un scénario voisin.

L'Europe différentielle. Une manière possible de sauver le scénario fonctionnaliste consisterait à multiplier les projets à « géométrie variable ». Vieille idée, revenant régulièrement dans le débat européen depuis la fin des années 1980, qu'avec les élargissements successifs, le développement de projets communs dans tous les domaines est une ambition peu réaliste. Elle impliquerait de se doter de dispositifs juridiques destinés à surmonter les blocages potentiels en permettant à un groupe plus restreint d'États membres de coopérer dans un domaine particulier. Les objets peuvent être multiples et l'intégration européenne n'est pas un processus linéaire. Certains problèmes peuvent être spécifiques à une région, d'autres communs à plusieurs États caractérisés par certaines configurations industrielles ou éventuellement possesseurs d'une capacité militaire significative.

Sur le plan purement institutionnel, ces dispositifs existent déjà. La coopération renforcée, introduite par le traité d'Amsterdam et simplifiée par le traité de Nice, représente d'ores et déjà une forme possible, même si son caractère assez restrictif a, pour l'instant, empêché toute utilisation de cette procédure[4]. Il faut rappeler que le traité d'Amsterdam ne faisait pourtant qu'institutionnaliser une pratique déjà plusieurs fois utilisée,

4. *Voir articles 11 et 11A, TCE.*

dans des domaines où certains États voulaient aller plus loin que les autres. Les accords de Schengen et l'Accord social furent à ce titre des pratiques innovantes.

Dans une logique similaire, la « méthode ouverte de coordination », telle qu'elle a été formalisée à l'occasion de la mise en place du processus de Lisbonne[5], témoigne également de la volonté de flexibiliser l'intégration européenne, laissant aux États membres le soin d'interpréter ou de laisser de côté certaines dispositions. Les maigres progrès de ce processus sont cependant là pour montrer les limites d'une intégration sur la base du seul volontariat. Sans trop entrer dans l'histoire de chacun des différents processus, cette méthode pose des problèmes classiques d'action collective, comme celui du « passager clandestin[6] ». Or la création d'autorités supranationales comme la Commission ou l'Organisation mondiale du commerce sert précisément à prévenir ce type de comportement et à rendre les engagements des États membres plus crédibles[7]. Revenir sur ce principe correspond à remettre en cause un des traits fondamentaux de la construction européenne.

C'est donc surtout le premier type de « différenciation » qui semble constituer une opportunité ici, même si les instruments juridiques existants ne semblent pas – encore ? – très adaptés. Rien n'empêche, au demeurant, certains membres de créer des forums parallèles sur certains sujets, qui pourront par la suite être intégrés dans les dispositifs européens.

L'Europe fédérale. Ce dernier scénario semble, à priori, le plus improbable, même si les campagnes référendaires ont à ce titre donné des signaux positifs. Celle menée en France a fourni des exemples de politisation de sujets jusque-là très éloignés du débat public et politique. S'il est vrai que le débat a rapidement fait l'impasse sur les questions institutionnelles, seule véritable innovation apportée par le traité, il est également vrai que le référendum a permis – en France, mais sans doute

5. *Renaud Dehousse (dir.),* L'Europe sans Bruxelles ? Une analyse de la méthode ouverte de coordination, *Paris, L'Harmattan, 2004, 180 p.*

6. *Dans ce contexte, nous entendons par là des pays qui souhaitent bénéficier des retombées positives d'un investissement collectif sans fournir eux-mêmes une contribution adéquate.*

7. *La question des « engagements crédibles » (*credible commitments*) est à l'origine d'une volumineuse littérature en relations internationales. Sur l'Europe, voir surtout le travail d'Andrew Moravcsik,* The Choice for Europe. Social Purpose and State Power from Messina to Maastricht, *Ithaca (N. Y.), Cornell University Press, 1998, 514 p.*

également ailleurs – un moment de discussion de fond sur l'avenir et la nature de la construction européenne. Cette campagne a d'ailleurs illustré le fait que les enjeux européens pouvaient bel et bien intéresser les citoyens européens.

Néanmoins, et malgré quelques tentatives de débat « transnational », nous sommes encore très loin de l'espace public européen préalable à toute forme de création d'un État européen[8]. L'Europe fédérale ne peut dès lors que servir d'utopie politique en s'appuyant sur d'autres scénarios. C'était aussi la vision des premiers défenseurs de la construction européenne qui voyaient dans l'intégration fonctionnelle le meilleur et le seul moyen pour dépasser « l'idéologie nationaliste » qu'Ernst Haas rendait responsable des lenteurs du processus d'intégration européenne dans les années 1960[9].

L'échec du Traité constitutionnel rappelle que les conditions d'un véritable débat européen comme d'une opinion publique européenne, formée et informée par des formations partisanes européennes, une presse européenne et une classe politique consciente de la portée européenne de tous les enjeux politiques, relèvent toujours de l'utopie.

Dans l'immédiat et dans l'attente d'un nouvel élan européen comme celui que la construction a connu à partir du milieu des années 1980, le scénario le plus probable reste celui d'une Europe du plus petit dénominateur commun, où les seules avancées seront le fait de la jurisprudence de la Cour de justice des Communautés européennes et les avancées unilatérales de la Commission. Dès lors, la « démocratie européenne » devrait encore attendre. Plutôt qu'un grand débat sur l'avenir des institutions européennes, peu susceptible de déboucher sur un quelconque résultat commun à la majorité des peuples composant l'UE, ce sera sans doute l'apparition ou, plus précisément, l'identification de nouveaux défis qui permettra de dépasser le *statu quo*.

8. *À ce titre, l'analyse déjà classique de Jürgen Habermas reste toujours valable : Jürgen Habermas, « Citoyenneté et identité nationale. Réflexions sur l'avenir de l'Europe », dans Jacques Lenoble et Nicole Dewandre (dir.),* L'Europe au soir du siècle, *Paris, Esprit, 1992. Voir également Jean-Marc Ferry, « Face à la crise, quelles perspectives pour l'Union européenne ? »,* Politique étrangère, *3, 2005, p. 518 et suiv.*

9. *Voir la préface à la seconde édition de l'ouvrage d'Ernst Haas,* The Uniting of Europe. Political, Social, and Economic Forces : 1950-1957, *Stanford (Calif.), Stanford University Press, 1968 [1958], 552 p.*

Le « retour à la normale » du système politique français

Si les conséquences du non français ont été directement perceptibles au niveau européen, elles sont moins évidentes au plan national. La division du parti socialiste et le rapprochement esquissé de la plupart des partis de gauche et d'extrême gauche (le parti socialiste n'y participant qu'au travers de ses tenants du non) apparaissent aujourd'hui déjà oubliés. Si la Ligue communiste révolutionnaire a dû repousser la nomination de son candidat à la présidentielle, parce qu'une partie de ses adhérents les plus récents souhaitaient voir maintenue ouverte la solution d'une candidature commune de l'extrême gauche, chacun des partis a aujourd'hui refait largement son unité et sa cohérence. À gauche, l'élection présidentielle s'est présentée comme la répétition de celle de 2002, avec l'éparpillement des candidats. Et si 2007 n'a finalement pas reproduit la situation de 2002, c'est d'abord en raison du comportement des électeurs qui, dans une large mesure, semblent avoir tiré les leçons du 21 avril 2002. Une démarche comparative permet plus encore de relativiser ce constat initial de stabilité. Celle-ci permet en effet de mettre en évidence une transformation de l'enjeu européen, en France comme dans le reste de l'Europe, qui, si elle n'a pas encore eu d'effet sur les systèmes partisans, tend à redéfinir les notions mêmes de droite et de gauche. Ainsi, le référendum du 29 mai, assurément signe de cette mutation des clivages sociopolitiques, pourrait être aussi l'élément cristallisant pour percevoir pleinement les effets de ces changements lors des prochaines échéances électorales.

L'inertie des systèmes partisans européens face à l'intégration européenne

De manière générale et malgré quelques différences nationales importantes, l'impact de l'intégration européenne sur les systèmes de partis nationaux reste jusqu'à présent « limité » quelle que soit la dimension de l'analyse de ces systèmes prise en compte.

C'est vrai, tout d'abord pour le « format » du système partisan. Peter Mair[10] rapporte que plus de cent vingt nouveaux partis ont vu le

10. *Peter Mair, « The Limited Impact of Europe on National Party Systems »,* West European Politics, *23 (4), 2000, p. 27-51.*

jour depuis la veille des premières élections européennes en 1979 dans douze des pays membres de l'UE avant l'élargissement à l'Est. Mais, parmi ces partis, trois seulement semblent avoir été fondés avec l'objectif affiché de mobiliser l'électorat pour ou contre la construction européenne. Ces créations de partis participent plutôt du mouvement plus général vers une plus grande fragmentation partisane. Les partis « européens » sont, en outre, restés assez faibles hors l'arène électorale européenne, n'arrivant pas à répliquer leurs résultats aux élections nationales[11]. Ainsi, l'impact sur le format des systèmes partisans de l'UE est pratiquement nul. Très peu de partis nouveaux sont nés autour de l'enjeu européen. Et conformément à cette logique, le référendum du 29 mai n'aura apporté aucun bouleversement du système des partis français.

Mais l'européanisation peut être conçue plus largement comme une transformation des « camps » ou des clivages politiques sous-tendant le système partisan. Ainsi, pourrait-on imaginer une réorganisation de la polarisation des partis ou l'émergence d'une dimension pro/anti-européenne. Une comparaison des systèmes partisans des quinze et des votes des partis pro- ou anti-européens montre que la part électorale des partis fortement anti-européens est plutôt faible. Elle représente en moyenne 8 %, contre 66 % pour les partis fortement pro-européens, et 21 % pour ceux qui sont plus difficilement classifiables[12].

Cependant, les différences nationales sont importantes. Les partis anti-européens dépassent les 10 % en Autriche, au Danemark, en France, en Italie et en Suède. Les mouvements concernés sont principalement des partis d'extrême droite, puis d'extrême gauche (en Suède). Dans aucun des cas, l'attitude anti-européenne n'est la caractéristique déterminante du parti. L'attitude hostile à l'Europe est plutôt un élément supplémentaire pour se démarquer des partis du centre.

L'adaptation des partis nationaux aux enjeux européens émergents reste difficile, dans la mesure où ils se sont le plus souvent avérés incapables de les réinterpréter à travers le « cadre du jeu politique national[13] ».

11. Dans les cas, par exemple, du Mouvement populaire contre l'UE au Danemark ou de l'Alliance des citoyens libres en Allemagne.

12. Peter Mair, « The Limited Impact of Europe on National Party Systems », art. cité, p. 32.

13. Stefano Bartolini, « La structure des clivages nationaux et la question de l'intégration dans l'Union européenne », Politique européenne, *4, 2001, p. 30.*

Quand ils y parviennent, comme le montrent Gary Marks et Carole Wilson[14], ils interprètent ces enjeux à travers les clivages classiques. Ainsi, dans un premier temps, les partis auraient-ils réinterprété les enjeux européens à partir de leurs références idéologiques propres, c'est-à-dire en fonction de la compatibilité du projet européen avec les programmes politiques nationaux. Ce type de démarche a montré ses limites. Mais ce n'est pas seulement en France que l'Europe divise les partis.

Cette relative faiblesse de l'européanisation du système partisan vient sans doute de l'absence d'une ébauche de système partisan européen. De fait, les grandes fédérations européennes de partis restent très faibles, à la fois quant à leurs moyens et leur cohérence interne.

Stefano Bartolini partage ces constats, mais en tire des conclusions différentes. En superposant un système partisan supranational aux systèmes nationaux, l'intégration européenne tend à affaiblir ces derniers en remettant en cause la pertinence des *boundaries*[15]. Ce faisant, ce processus remet en question l'intégration territoriale nationale, pourtant indispensable à la formation des clivages politiques :

> « Un certain degré de consolidation du territoire et de légitimation de ses *boundaries* externes est nécessaire au développement des oppositions et des alignements qui ne sont pas purement territoriaux, mais plutôt translocaux et qui chevauchent l'axe territorial[16]. »

L'impact de l'intégration européenne serait alors essentiellement déstructurant : il affaiblirait les *boundaries* des États membres, et participerait de l'affaiblissement des clivages nationaux. Or en l'absence d'un processus d'émergence de *boundaries* européens, l'affaiblissement des

14. *Gary Marks et Carole Wilson, « The Past in the Present : a Theory of Party Response to European Integration »,* British Journal of Political Science, *30, 2000, p. 433-459.*
15. Boundaries *est habituellement traduit par « frontière », mais est utilisé ici dans un sens plus restrictif, renvoyant simplement aux limites du territoire. Voir plus généralement Stefano Bartolini,* Restructuring Europe : Centre Formation, System Building, and Political Structuring Between the Nation State and the European Union, *Oxford, Oxford University Press, 2005, 448 p.*
16. *Stefano Bartolini, « La structure des clivages nationaux et la question de l'intégration dans l'Union européenne »,* Politique européenne, *4, 2001, p. 23.*

clivages nationaux n'est pas compensé par des processus structurants au niveau européen.

Les chances d'évolution significative dans un avenir proche sont minces, à en croire la plupart des analystes. Si l'intégration européenne contribue dans certains cas à refaçonner le clivage gauche-droite, un système partisan européen est encore loin d'émerger. Pour les raisons déjà citées : faible prise en compte des enjeux européens, faible participation aux élections européennes, etc. Auxquelles s'ajoutent la faiblesse des partis européens et le relatif mépris pour les fonctions électives européennes.

Le référendum du 29 mai montre pourtant bien que l'électorat n'est guère « indifférent » à l'Europe. Mais, partout, l'enjeu européen se situe sur un axe orthogonal par rapport à l'axe gauche-droite qui structure encore largement les systèmes partisans nationaux, empêchant les électeurs d'exprimer leurs préférences sur l'Europe lors d'élections nationales. Les partis sont peu différenciés sur les questions européennes, et celles-ci sont le plus souvent marginalisées à l'occasion des campagnes législatives ou présidentielles. Comme le fait remarquer Peter Mair, les représentants choisiraient de faire campagne sur des enjeux européens comme les institutions, lors d'élections européennes finalement peu décisives, tout en taisant ces questions lors des campagnes nationales, seules susceptibles d'avoir un impact direct[17].

Néanmoins, Cess Van der Eijk et Mark Franklin pointent des différences significatives entre États membres. L'écart entre offre politique et enjeux européens semble confirmé pour certains pays comme la Finlande, les Flandres (Belgique néerlandophone), l'Italie et la France. Pour d'autres, on constate plutôt une corrélation entre les deux variables avec une gauche eurosceptique et des attitudes plus positives chez les partis plus à droite. Enfin, on observe l'existence d'une courbe en U au Portugal, avec un centre pro-européen et les extrêmes à droite et à gauche plus eurosceptiques. Tendanciellement, des courbes similaires sont reconnaissables pour les partis allemands, néerlandais, danois et français. Cess Van der Eijk et Mark Franklin y voient le potentiel d'une corrélation et donc d'une politisation croissante des enjeux européens

17. *Peter Mair, « Popular Democracy and the European Union Polity »,* European Governance Papers, *(C-05-03), 2005, p. 10.*

aux élections nationales ou, dans leurs termes, le réveil possible du « géant endormi[18] ». Cela rejoint les analyses sur la France qui montrent que l'enjeu européen ne structure certes pas l'espace électoral français, mais qu'il participe de sa restructuration[19].

Au vu de cet écart entre offre politique et opinion publique sur l'Europe, l'expression d'un décalage croissant entre les deux n'est guère surprenante lors d'échéances telles que les référendums. Ces derniers, indépendamment de leur initiative, représentent en effet une occasion de s'exprimer en étant moins contraint par une proximité partisane. Reste à savoir si un événement comme le 29 mai permettra un certain « décloisonnement » de l'enjeu européen au-delà de l'échéance même de ce référendum.

Le 29 mai, premier signe du réveil du « géant endormi » en France ?

L'histoire de la politisation de l'enjeu européen ne commence pas le 29 mai 2005 en France. En réalité, le traité de Maastricht représente une première rupture, dans la mesure où, pour la première fois, un enjeu européen entre dans la sphère publique : médias, partis, « leaders d'opinion » participent tous au débat sur la monnaie unique. L'intérêt des électeurs, si on se réfère au taux de participation, fut d'ailleurs aussi marqué en 1992 qu'en 2005. Le référendum sur le Traité constitutionnel européen a néanmoins représenté une seconde étape importante de ce processus de politisation en raison tout à la fois de la focalisation et de la polarisation des opinions sur l'enjeu. Le parallèle avec l'après-Maastricht peut à ce titre s'avérer instructif.

On avait, à l'époque, assisté à l'émergence de forces politiques spécifiquement « anti-européennes », notamment en France. Le succès électoral de ces partis lors du scrutin européen de 1994 n'avait pu être transformé en gains électoraux lors des élections législatives ou présidentielles

18. Cess Van der Eijk et Mark Franklin, « Potential for Contestation on European Matters at National Elections in Europe », dans Gary Marks et Marco Steenbergen (eds), European Integration and Political Conflict, *Cambridge, Cambridge University Press, 2004, p. 47.*

19. Céline Belot et Bruno Cautrès, « L'Europe, invisible mais omniprésente ? », dans Bruno Cautrès et Nonna Mayer (dir.), Le Nouveau Désordre électoral, *Paris, Presses de Sciences Po, 2004, p. 119-141.*

suivantes (Philippe de Villiers réalise un score légèrement inférieur à 5 % en 1995). Les listes « souverainistes », qui avaient fait scission des listes de la droite gouvernementale à l'occasion des élections européennes disparaissaient pratiquement de la compétition politique à l'issue de cette échéance. Autrement dit, le clivage européen capable de diviser la droite lors des élections européennes ne s'était pas avéré structurant au-delà. Qui plus est, les listes « souverainistes » ont, depuis, vu leurs résultats électoraux diminuer de manière significative et ce, même lors des consultations européennes.

Les résultats du référendum du 29 mai ne semblent donc pas devoir laisser présager de l'irruption soudaine de partis spécifiquement eurosceptiques. L'élection présidentielle de 2007 l'a largement confirmé. Les prochaines élections européennes de 2009 ne devraient y être guère plus favorables. Non seulement la succession temporelle des scrutins semble bien moins favorable que dans la séquence 1992-1995, où les échéances européennes succédaient directement au référendum, mais la transformation de leur mode de scrutin[20] rend plus difficile la lecture nationale de leurs résultats. Leur logique d'élection de second ordre, permettant l'expression d'un mécontentement à l'égard du gouvernement en place, en est ainsi largement affaiblie.

Les conséquences sur le système politique français du référendum du 29 mai sont, dès lors, moins à chercher du côté des partis que dans les électorats. Deux enseignements peuvent être tirés de ce point de vue. Premièrement, l'enjeu européen travaille l'ensemble des camps politiques et ne concerne plus, au premier chef, les seuls partis de la droite modérée. L'existence d'un cadrage de l'Europe fortement lié aux questions économiques et socialcs apparaît aujourd'hui d'autant plus durable que celui-ci précède d'ailleurs de plusieurs années le référendum sur le Traité constitutionnel. On retrouve ainsi les deux pôles fondamentaux de la contestation de l'Europe, l'un, plutôt en déclin mais représentant encore près du cinquième de la population, ancré sur une conviction de l'importance de la souveraineté nationale ; l'autre, en progression, et regroupant également

20. Les élections européennes, depuis 2004, se réalisent en effet dans le cadre de grandes circonscriptions interrégionales et non plus dans le cadre d'une circonscription nationale unique. La portée symbolique des résultats en est diminuée et l'émergence de partis fortement dépendante d'un leader unique rendue plus difficile.

près du cinquième de l'électorat, fondé sur les anticipations négatives des effets de l'intégration européenne sur la situation économique et sociale nationale. Des passerelles évidentes existent entre ces deux camps. La contestation de la dynamique de « mondialisation » en est un élément essentiel notamment au travers des protestations contre les délocalisations. Pour autant, leur rapprochement apparaît encore aujourd'hui difficile tant en raison du manque de réponses idéologiques communes aux phénomènes contestés que de la force encore perceptible lors de la campagne du 29 mai du clivage entre gauche et droite. Si des schèmes argumentatifs transversaux peuvent être repérés, figures de gauche et figures de droite servent encore de repoussoirs réciproques. En second lieu, si l'enjeu européen fait sens pour une part croissante de l'électorat, c'est moins en se construisant une signification autonome qu'en s'hybridant progressivement avec les dimensions traditionnelles de la compétition politique. Ce faisant, les débats sur la construction européenne sont également en train de modifier le sens même du clivage gauche-droite. Cette situation laisse présager trois avenirs possibles du paysage politique français : le *statu quo*, la restructuration, ou la dispersion.

Le statu quo. C'est la solution qui semble la plus probable. Les résultats du référendum semblent comme mis entre parenthèses tant par l'application des hommes politiques à ne pas en faire un enjeu central du débat que par la réussite, du moins dans les sondages, des nouveaux styles politiques inventés par Nicolas Sarkozy et Ségolène Royal. La focalisation du débat autour de ces deux personnalités a pu faire penser à certains égards à la situation de 2002, les premiers rôles étant alors assumés par Jacques Chirac et Lionel Jospin. Dans une large mesure, et même si le résultat final est diamétralement opposé à celui de 2002, c'est ce scénario qui s'est effectivement réalisé.

La restructuration. L'hypothèse la moins vraisemblable, à court terme, est celle d'une restructuration stable du paysage politique français autour de ce que serait le nouveau clivage gauche-droite, intégrant la dimension européenne. On aurait pu imaginer dans ce cadre une situation où trois forces politiques s'imposeraient (extrême gauche, centre, extrême droite), la force centrale (dont on peut estimer l'assise aux deux tiers de l'électorat) étant elle-même subdivisée entre trois pôles (centre gauche, centre droit, et centre). De nombreuses tentatives politiques ont œuvré, ces derniers mois, dans cette direction, qu'il s'agisse de l'essai d'une candidature commune de l'extrême gauche ou du pari centriste de François Bayrou. Ce scénario, par certains aspects proche de la situation des débuts de la Quatrième République, bute néanmoins sur des obstacles importants tenant tant aux institutions de la Cinquième République qu'à l'opposition d'une grande partie de l'électorat et de l'essentiel de la classe politique au fait de ne pas considérer le clivage gauche-droite comme le clivage premier du système politique français.

La dispersion. Depuis les années 1990, l'évolution la plus marquante des résultats électoraux est la perte de la capacité de rassemblement de l'ensemble des grands partis de gouvernement. Si un mode de scrutin fortement disproportionnel permet d'occulter cette tendance notamment au niveau de la représentation parlementaire, les conséquences de cette logique de dispersion se sont d'abord matérialisées dans les résultats du premier tour de l'élection présidentielle de 2002 où, pour la première fois, aucun des candidats n'atteignaient le seuil des 20 % des suffrages exprimés. Or celle-ci pose d'importants problèmes de fonctionnement démocratique, notamment parce qu'elle n'assure pas la présence au deuxième tour des élections des deux candidats préférés, si l'on demande aux électeurs de classer non pas un mais l'ensemble des candidats[21]. En cela, la dispersion ne peut qu'alimenter encore plus le sentiment de crise de la représentation déjà à un niveau particulièrement alarmant en France.

En somme, la situation politique française au lendemain du référendum du 29 mai a offert un constat inquiétant : des modifications profondes travaillaient les clivages politiques traditionnels, l'enjeu européen en étant une composante importante. Mais ces changements n'ont pas trouvé de canal d'expression dans le jeu politique institutionnalisé. La perception de l'écart entre représentants et représentés est allé croissant sans que des solutions plausibles ne soient véritablement proposées.

Les résultats de l'élection de 2007 semblent avoir ouvert une nouvelle période de « retour à l'ordre » électoral. Les tentatives de déstabilisation du jeu politique classique ont finalement toutes échouées, malgré un succès relatif, notamment pour François Bayrou. Mais, se rappeler

21. Un grand nombre d'analyses théoriques ont montré, à partir du concept de « majorités cycliques » de Condorcet, que la multiplication du nombre des candidats à une élection augmente la probabilité que le candidat élu ne soit pas le candidat préféré d'une majorité des électeurs.

l'histoire récente, à commencer par celle de l'échec du Traité constitutionnel en 2005, montre la fragilité de cette situation.

L'année 2007 est celle de la relance du processus de construction européenne. Il aura fallu pour cela attendre le renouvellement des principaux dirigeants européens (en moins de deux ans, les gouvernements ou les Premiers ministres ont changé en Allemagne, en Italie, en France, au Royaume-Uni...). C'est en tout cas l'agenda du Conseil européen des 21 et 22 juin, le dernier de la présidence allemande. Ce Conseil européen devrait se construire autour de la proposition lancée par Nicolas Sarkozy d'un nouveau Traité européen centré sur les aspects institutionnels.

Réussira-t-il à convaincre les grandes capitales européennes de son bien-fondé ? Les résistances sont nombreuses, mais des marges de manœuvre existent. Si un consensus émergeait autour de cette proposition, il marquerait une position nouvelle de leadership européen pour la France. Mais la recherche d'un consensus rapide est au risque de trouver un compromis insatisfaisant. C'est toute l'expérience que l'on a pu tirer du traité de Nice. Et surtout, l'idée d'une Constitution pour l'Europe semble être aujourd'hui bel et bien oubliée, et ce malgré un soutien de principe largement majoritaire des opinions publiques européennes.

Annexes

Les résultats du scrutin du 29 mai 2005

La victoire du non se retrouve à presque tous les niveaux géographiques en France[1]. Le oui n'arrive en tête que dans seize départements sur cent. Alors que trente-deux départements se caractérisent par un changement de majorité en faveur du non entre le référendum de Maastricht en 1992 et celui de 2005, seuls un territoire d'outre-mer (Nouvelle-Calédonie) et un département (Vendée) passent du non au oui. Paradoxalement, le Conseil général de la Vendée est présidé par Philippe de Villiers (MPF), particulièrement en pointe dans l'opposition au Traité constitutionnel. Le oui est prépondérant parmi les départements des régions Bretagne et Pays-de-Loire. Les meilleurs scores du non sont quant à eux atteints dans les départements du Nord de la France – le Pas-de-Calais présentant le record national du non avec 69,5 % – et du Sud-Est. Par ailleurs, le non est majoritaire dans plus de 80 % des cantons et des communes de métropole. Seules les villes de plus de cent mille habitants se distinguent par un vote majoritairement en faveur du Traité constitutionnel. À titre d'exemple, l'électorat parisien a accordé 66,5 % de ses suffrages au oui. Dans toutes les autres strates de communes, les suffrages en faveur du non décroissent de 59,9 % dans les communes de moins de cinq cents habitants à 51,4 % dans les villes de vingt mille à cent mille habitants.

1. *Voir également Daniel Boy et Jean Chiche, « Les structures politiques et sociales du vote non », dans Annie Laurent et Nicolas Sauger (dir.), « Le Référendum de ratification du Traité constitutionnel européen : comprendre le non français »,* op. cit., *p. 92-109 et Jérôme Fourquet* et al., *« Au-delà d'un vote de classe, la permanence des spécificités régionales », dans Annie Laurent et Nicolas Sauger (dir.),* op. cit., *p. 110-120.*

Tableau 23 : Résultats du référendum français sur le Traité établissant une Constitution pour l'Europe (scrutin du 29 mai 2005)

	Inscrits	Votants		Blancs et nuls		Oui			Non		
			% des inscrits		% des inscrits		% des inscrits	% des exprimés		% des inscrits	% des exprimés
Métropole	39 885 765	28 314 486	70,99	696 881	1,75	12 414 203	31,12	44,95	15 203 402	38,12	55,05
DOM	1 087 699	406 840	37,40	29 839	2,74	184 106	16,93	48,83	192 895	17,73	51,17
TOM et Français de l'étranger	815 738	266 974	32,73	3 802	0,47	209 961	25,74	79,78	53 211	6,52	20,22
France entière	41 789 202	28 988 300	69,37	730 522	1,75	12 808 270	30,65	45,33	15 449 508	36,97	54,67

Carte : Le vote non du 29 mai 2005
(en % des suffrages exprimés, résultats par cantons)

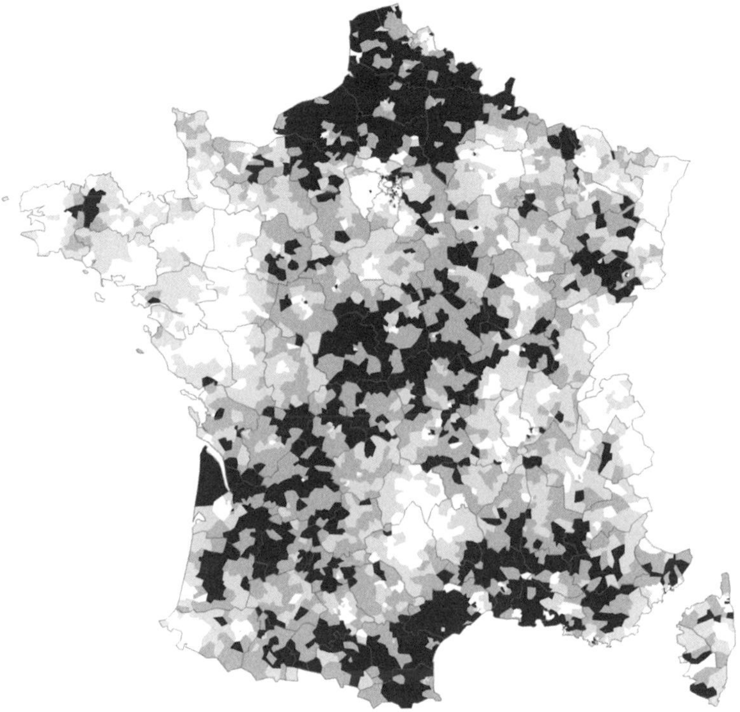

- Moins de 52,0 %
- 52,0 % à 58,1 %
- 58,1 % à 63,1 %
- 63,1 % à 83,9 %

Sources : Carte réalisée par Jean Chiche, sous EDEN ; nous le remercions pour l'autorisation de la reproduction.

Collection **Nouveaux** Débats

La collection Poche des Presses de Sciences Po

Dernières parutions

7. Les Mots des présidentielles
Vincent Tiberj, Florent Gougou, Soline Laplanche-Servigne et Camille Peugny
2007 / ISBN 978-2-7246-1009-3

8. La France vers le bipartisme ?
La présidentialisation du PS et de l'UMP
Gérard Grunberg et Florence Haegel
2007 / ISBN 978-2-7246-1010-9

9. Parler pour gagner
Sémiotique des discours de la campagne présidentielle de 2007
Denis Bertrand, Alexandre Dézé et Jean-Louis Missika
2007 / ISBN 978-2-7246-1015-4

10. Faut-il sauver les grandes écoles ?
De la culture de la sélection à la culture de l'innovation
Pierre Veltz
2007 / ISBN 978-2-7246-1024-6

11. Qui sont les députés français ?
Enquête sur des élites inconnues
Olivier Costa et Éric Kerrouche
2007 / ISBN 978-2-7246-1030-7

12. Tony Blair, 1997-2007
Le bilan
Florence Faucher-King et Patrick Le Galès
2007 / ISBN 978-2-7246-1032-1

Domaine **Fait** politique

Dirigé par Pascal Perrineau et Janine Mossuz-Lavau

Comprendre ce qui fonde le lien politique, réfléchir à l'évolution des institutions et des organisations, mettre au jour les logiques des comportements et des attitudes, analyser les grands enjeux qui structurent le débat politique.

Dernières parutions

Les Français contre l'Europe ?
Les sens du référendum du 29 mai 2005
Nicolas Sauger, Sylvain Brouard et Emiliano Grossman
Collection Académique
2007 / ISBN 978-2-7246-1026-0

Atlas électoral 2007
Pascal Perrineau (dir.)
Hors collection
2007 / ISBN 978-2-7246-1011-6

L'Égalité introuvable
La parité, les féministes et la République
Éléonore Lépinard
Collection Académique
2007 / ISBN 978-2-7246-1013-0

Partis politiques et système partisan en France
Florence Haegel (dir.)
Collection Références
2007 / ISBN 978-2-7246-1001-7

Domaine Gouvernances

Dirigé par Patrick Le Galès, Denis Segrestin et Michael Storper

Qui pilote les sociétés contemporaines ? Comment et pour quels résultats ? Que devient l'État ? Comment se recomposent les institutions ? Comment fonctionnent différents marchés ? Comment peut-on définir l'intérêt général ? Comment penser les organisations publiques, les marchés, les acteurs collectifs, les entreprises, les mouvements sociaux impliqués dans les politiques publiques et l'enchevêtrement des régulations sociales, politiques et économiques ?

Dernières parutions

Critique politique du travail
Travailler à l'heure de la société des services
Isabelle Ferreras
Collection Académique
2007 / ISBN 978-2-7246-1012-3

Le Régime politique de l'Union européenne
Paul Magnette (dir.)
2e édition revue et augmentée
Collection Références
2006 / ISBN 10 : 2-7246-0997-2 / ISBN 13 : 978-2-7246-0997-4

Dictionnaire des politiques publiques
Laurie Boussaguet, Sophie Jacquot et Pauline Ravinet (dir.)
2e édition revue et corrigée
Collection Références
2006 / ISBN 10 : 2-7246-0999-9 / ISBN 13 : 978-2-7246-0999-8

La France en mutation, 1980-2005
Pepper D. Culpepper, Peter A. Hall et Bruno Palier (dir.)
Collection Académique
2006 / ISBN 10 : 2-7246-0972-7 / ISBN 13 : 978-2-7246-0972-1

IMPRESSION, BROCHAGE

imprimerie
CHIRAT

42540 ST-JUST-LA-PENDUE
JUIN 2007
DÉPÔT LÉGAL 2007 N° 5605

IMPRIMÉ EN FRANCE